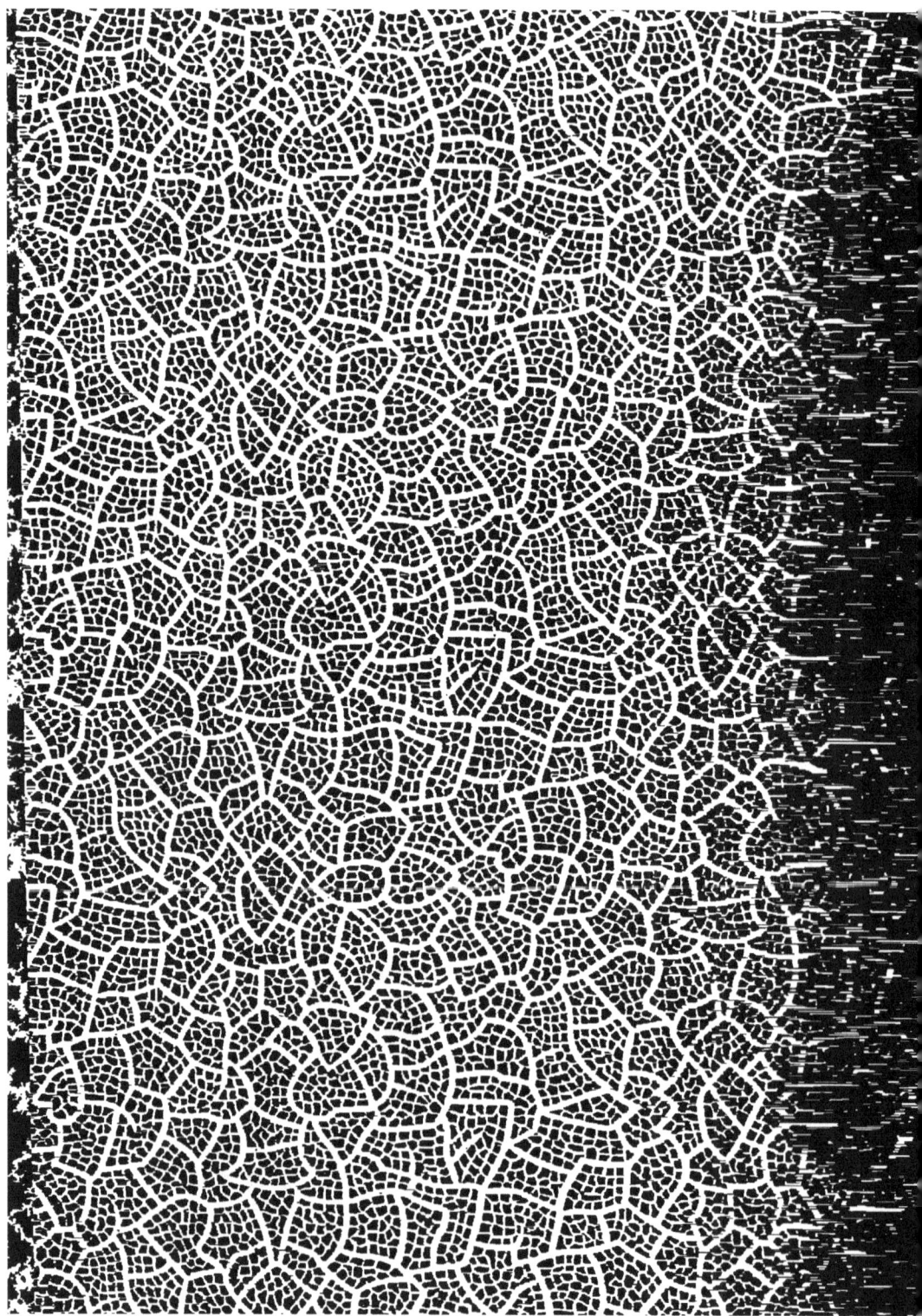

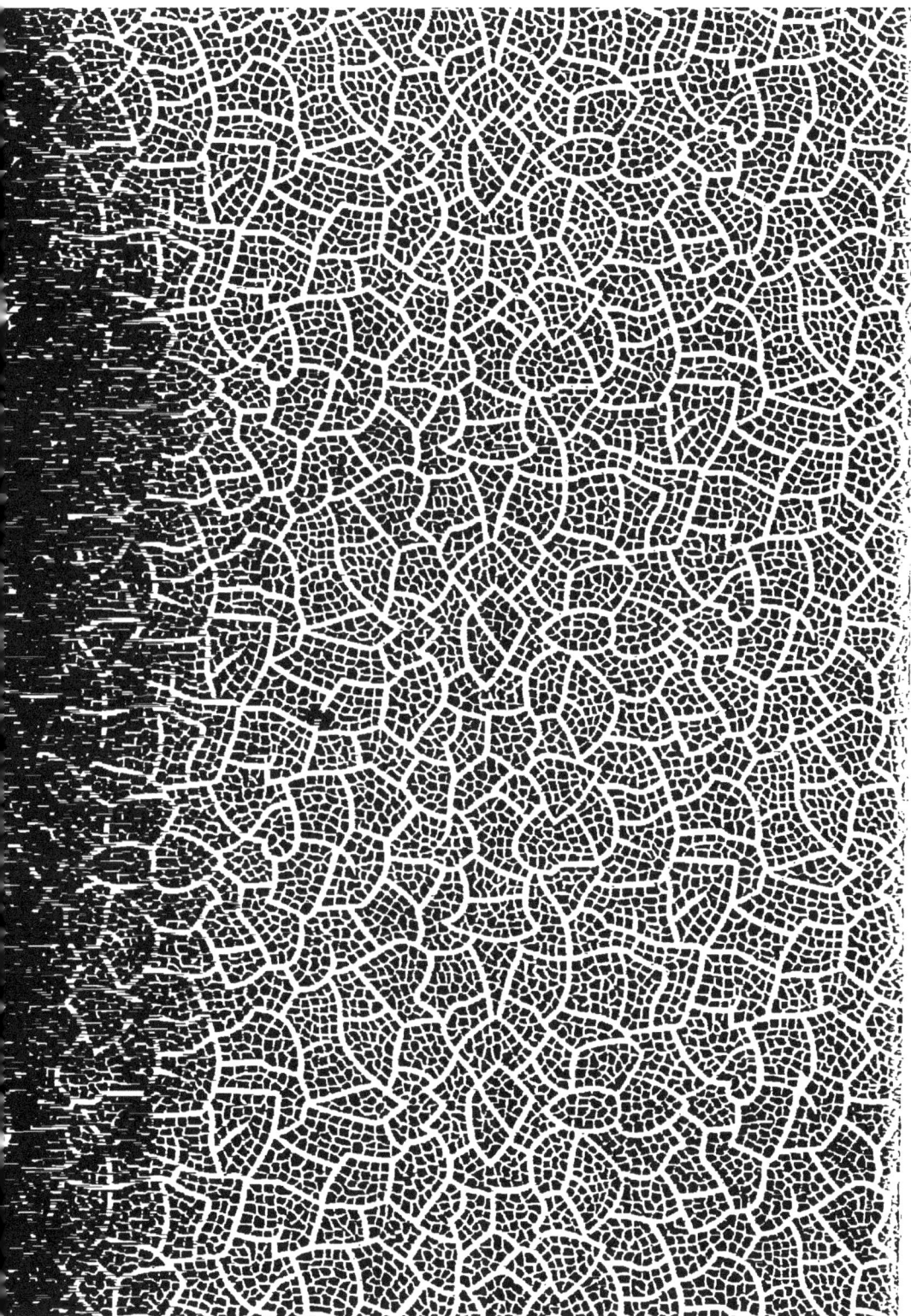

CAROLINE

NOTICE

SUR

LA VIE ET LA MORT

D'UNE JEUNE CHRÉTIENNE

ÉCRITE PAR SA MÈRE

Angelus in carne.
Ce fut un ange dans une chair mortelle.
(Brev. Rom., 21 juin).

VALENCE

IMPRIMERIE JULES CÉAS ET FILS

1866

CAROLINE

CAROLINE

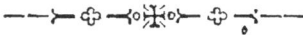

NOTICE

SUR

LA VIE ET LA MORT

D'UNE JEUNE CHRÉTIENNE

ÉCRITE PAR SA MÈRE

Angelus in carne.
Ce fut un ange dans une chair mortelle.
(*Brev. Rom.*, 21 juin).

VALENCE

IMPRIMERIE JULES CÉAS ET FILS

—

1866

A MARIE

Reine des Anges

———⊙⊙⊙———

A SAINT JOSEPH

Notre fidèle et puissant protecteur

Ces pages, inspirées par le cœur d'une mère et écrites dans les larmes, étaient destinées à demeurer dans le sanctuaire de la famille comme une goutte de rosée céleste réservée pour les jours de peines et de douleurs. Elles n'avaient pas d'autre but, alors que, livrées à l'impression, elles avaient été tirées à un nombre fort restreint d'exemplaires, et que, sur des instances respectables, on avait consenti à les accorder comme sujet d'édification à deux pieuses Revues ayant pour objet de porter et de développer l'esprit chrétien dans les familles. Pour les livrer à la publicité, il n'a fallu rien moins qu'une demande faite au nom d'une œuvre importante en l'honneur de saint Joseph, saint Joseph que notre chère petite Caroline aimait tant ! Ce sera pour elle encore un sujet de joie au Ciel que de contribuer, en quelque manière, à glorifier sur la terre cet auguste Patriarche qu'elle continue sans doute d'honorer et de louer avec les anges.

Nous n'avons pas besoin d'ajouter que, dans ce simple récit, nous ne prétendons rien préjuger. Nous sommes enfant trop soumise de notre sainte mère l'Église catholique, pour ne pas lui soumettre, sans réserve, toutes nos paroles, comme tous nos sentiments et tout notre cœur.

PRÉFACE.

———⁓ ⁊———

Voici un petit livre, qui, pour favoriser l'érection d'un sanctuaire à S. Joseph, s'est décidé, malgré son humilité toute chrétienne, à faire son entrée dans le monde des lettres (1).

Nous sommes heureux de le saluer au passage et de lui souhaiter la bienvenue.

Ces pages, tout imprégnées de candeur, d'innocence, de résignation, ont jailli du cœur d'une mère. Elles sont comme un miroir où se reflète sous les voiles angéliques d'une sainteté précoce une existence de douze ans.

Cette notice biographique est un joyau littéraire. Son mérite est d'autant plus grand qu'il s'ignore lui-même.

Une famille patriarcale composée du père, de la mère et de quatre enfants, vivait en paix au foyer domestique. La grâce de Dieu était abondante dans cette sainte maison : Tous les membres de la famille servaient Dieu en esprit et en vérité ; la sainte Vierge et S. Joseph avaient là de pieux

(1) L'auteur de ce charmant opuscule a bien voulu permettre de publier en volume son manuscrit, pour venir en aide, par la vente de cet ouvrage, au sanctuaire de S. Joseph de Valence.

Le Directeur de l'œuvre de S. Joseph a jugé convenable de publier, à l'insu de l'auteur du livre, les quelques pages qui suivent; elles sont dues à la plume d'un serviteur du saint patriarche.

serviteurs. Les quatre enfants, mais surtout la jeune Caroline, l'héroïne de ce petit livre, avaient pour la piété les dispositions les plus heureuses. Un bonheur pur et sans mélange semblait le partage assuré de cette famille bénie du ciel.

Hélas! ce bonheur, comme tous les bonheurs de ce monde, devait être de courte durée.

Le jour de l'épreuve et de l'affliction n'était pas éloigné.

Caroline dont l'intelligence avait pris un développement effrayant par son intensité même, eut une enfance chétive et languissante. Une maladie de cœur se manifesta chez elle de de très bonne heure et fit craindre à chaque instant de voir briser sa frêle existence.

Cependant, l'intelligence de la jeune fille prenait chaque jour une vivacité qui faisait trembler sa mère Les progrès de l'instruction et l'épanouissement de toutes les vertus domestiques signalaient en même temps leur prise de possession dans cette âme privilégiée. Cette aimable créature ne ressemblait pas à un enfant, mais à un ange exilé dans ce bas monde, tant son cœur était brûlant d'amour pour Dieu, pour la sainte Vierge, pour ses parents et pour les pauvres.

Dans la vie de Louis XVII, Monsieur de Beauchesne a écrit ces lignes remarquables : « Nous n'aimons pas d'ordi-
» naire chez les enfants ces fleurs hâtives de l'esprit et du
» cœur, qui épuisent trop souvent la sève, en la faisant
» monter aux branches avant la saison.

» Mais il semble quelquefois que, lorsque une existence
» doit être courte, la nature ait hâte de se développer, pa-
» reille à ces terres du nord, qui n'ayant que deux mois
» d'été, profitent avidement du soleil, et se couronnent,
» comme par enchantement, de fleurs et de moissons. »

Ces quelques lignes, admirables de pensées et d'expressions, sont pour ainsi dire, l'horoscope de la vie de la jeune

Caroline ; c'était une frêle existence qu'avaient couronnée de trop bonne heure et les fleurs du printemps et les fruits de l'automne.

Bientôt les gelées pernicieuses sont arrivées, les vents ont déchaîné leur furie, et l'arbuste dépouillé de sa couronne n'a plus laissé voir qu'un tronc aride et desséché

Pauvre enfant, sitôt disparue du soleil de notre terre d'exil, dors en paix sous la froide pierre de ton tombeau!— Celle qui fut la confidente de toute ta vie, ta mère, nous dira ton amour pour Dieu, ton affection pour les auteurs de tes jours , ton désir ardent de là souffrance, ton zèle pour le salut des âmes, et ce cachet de sainteté imprimé sur les actions les plus ordinaires de ta vie.

Nous ne voulons pas entrer dans les détails si accidentés, si émouvants de cette courte existence de jeune fille, pour ne pas éventer témérairement ce bouquet de fleurs odorantes. Nous désirons laisser aux lecteurs le plaisir de la surprise.

La notice historique que nous annonçons n'est que la pure et simple expression de la vérité; elle a, cependant, tout l'intérêt d'un roman, tellement les situations y sont variées et pathétiques.

Nous avons déjà dit que ces lignes, inspirées par l'affection la plus tendre, jaillissent du cœur d'une mère comme de leur source native; elles sont comme une onde pure qui s'épanche harmonieusement, et qui féconde dans son cours ses rives fleuries.

Ce style plein de convenance exprime les choses d'une manière simple mais noble. Tout est naturel, tout est à sa place dans la charpente de ces phrases qui tombent toutes chaudes d'émotion à travers les fissures du cœur le plus tendre.

Si nous disons honneur à cette jeune héroïne de douze ans, qui, pour son coup d'essai, a fait, pour ainsi dire, la conquête de la sainteté, saluons, en passant, celle qui fut digne d'être la mère de Caroline ! La beauté de l'ouvrage fait l'éloge de l'habileté de l'ouvrier ; l'âme de la fille fut façonnée par l'âme de la mère.

Depuis que le ciel a retiré à la terre cette existence si radieuse de vertus, le deuil et l'affliction sont descendus sur une famille désolée, le vide qui s'est opéré à son foyer domestique a laissé le chagrin y prendre la place du bonheur.

Sans la foi, sans la résignation chrétienne, cette famille si éprouvée serait peut-être devenue la victime du désespoir. Dieu ne l'a pas permis.

Consolez-vous donc, mère chrétienne, vous qui avez recueilli sur les lèvres expirantes de votre enfant, ce mot si chrétien et si plein d'espérance : « Au revoir ! » Non, votre fille n'est pas morte ; elle vit, elle règne là-haut, dans ce royaume des élus, où les affections sont toujours douces, permanentes, incorruptibles. Là le soleil est toujours radieux et le bonheur toujours sans mélange. — Au revoir ! Mère chrétienne, ce mot doit être un baume pour toutes les souffrances de votre cœur blessé. — Au revoir !... Ce mot veut dire que votre fille vous prépare un trône de gloire auprès du sien, à l'ombre tutélaire des trônes de Jésus, de Marie et de Joseph. — Au revoir !.. Cet élan de cœur signifie patience, résignation ! le jour de la délivrance est proche, le chant de triomphe de l'hosanna n'est pas éloigné. C'est la récompense après l'épreuve, la joie sans fin après la peine passagère, et après les adieux de la terre les embrassements du ciel.

Oui, digne mère de Caroline, en terminant la tâche que je me suis imposée, et en vous priant d'agréer l'expression de mon sympathique intérêt, laissez-moi vous redire, que si vous avez sur la terre de grandes épreuves, vous trouverez dans le ciel d'immenses compensations.

Puissent ces quelques mots partis d'une âme qui sait compatir à vos épreuves, aller jusqu'à vous, comme un tribut de pieuse admiration et pour la sainteté de la fille et pour le cœur si chrétien de la mère !...

J'aurai reçu la plus douce des récompenses, si mes faibles efforts pour louer une mémoire qui vous est chère, ont séché dans vos yeux quelques larmes, ont un peu adouci l'amertume de vos regrets.

Et maintenant, cher petit livre, pars ! saint Joseph t'a choisi pour son mandataire ; va, cher petit messager, va porter au loin ta bonne nouvelle.

Pénètre dans les familles opulentes, pour leur apprendre que l'affliction est quelquefois la compagne de la fortune et qu'on a souvent besoin, au milieu de la prospérité, d'avoir à son aide la foi, la résignation, la consolation chrétienne.

Va dans la mansarde du pauvre, pour lui dire qu'avec notre foi et nos célestes espérances on possède un trésor plus précieux que l'or, et qui ne craint ni la rouille du temps, ni la main des voleurs.

Va, cher petit livre, va te glisser comme un ami dévoué dans la bibliothèque de la jeune fille du monde ou dans le bureau de la jeune pensionnaire, pour être son conseiller et son ange gardien ; pour lui donner l'exemple de la soumission, de la piété filiale, de l'abnégation de soi, du zèle pour le salut des âmes ; pour lui apprendre enfin l'amour de Dieu et du prochain, ce grand commandement qui résume toute la loi.

Ne crains pas, bon petit livre, d'aller frapper à la porte

des communautés religieuses ; c'est là surtout que ton passe-port signé par S. Joseph sera bien accueilli.

Heureuse route et bonnes chances, cher petit voyageur ! tu réussiras dans ta modeste mission, car tu es bon et beau.

Adieu !

A. de Gr.

CHAPITRE PREMIER.

LE PREMIER AGE.

Angelis suis Deus mandavit de te.
Dieu a ordonné à ses Anges de
vous garder.

Ps. 90.

———— ∞ ————

Caroline-Marie-Elisabeth-Jeanne-Zoé de
K....., naquit à Vannes le 7 juin 1851, et
fut ondoyée le lendemain, fête de la Pente-
côte. Elle avait été inscrite, avant même de
recevoir le jour, parmi les associées de la
Sainte-Enfance. Le pieux directeur de cette
Association regardait la grâce du saint bap-

1

tême comme assurée aux enfants qu'on y
enrôlait avant leur naissance. Cette grâce
précieuse fut, en effet, accordée à Caroline
en même temps que la conservation de la
vie ; mais elle dut aussi sans doute cette
double faveur à l'intercession de sainte Anne
à qui sa future marraine fit un vœu sachant
le péril où se trouvait cette chère enfant au
moment où elle voyait le jour. Elle fut aussi,
dès lors, consacrée à la très sainte Vierge,
comme mes autres enfants, et placée tout
spécialement sous la protection de sainte
Élisabeth, l'une de ses patronnes.

A peine âgée de six semaines, elle fut
atteinte d'une forte fièvre, et condamnée par
les médecins qui me dirent qu'à cet âge, il
y avait peu d'espoir de guérison. Mais je la
vouai de nouveau à la très sainte Vierge en
lui mettant son cordon blanc bénit, et j'eus
bientôt la joie de la voir rendue à la santé.

Sa couronne dans le ciel n'eut pas été assez riche; elle devait la conquérir par le sacrifice volontaire et la souffrance acceptée.

Un prêtre d'une piété éminente fut son parrain. Mon premier guide dans les voies du salut, je lui conserve une profonde gratitude, et s'il est vrai, comme on le prétend, qu'on ressemble par quelque côté à son parrain et à sa marraine, ma petite Caroline dut tenir d'eux cette foi vive qui fut toujours le mobile de toutes ses actions.

Bien jeune encore, n'ayant à peine que deux ou trois ans, elle fit un jour des difficultés pour manger un potage qui lui inspirait de la répugnance. Je parlai de se vaincre soi-même pour soulager les pauvres âmes du purgatoire, et cette toute petite enfant parvint non sans efforts à le prendre jusqu'à la dernière cuillerée. Ce trait m'a été rappelé

par une chère et pieuse novice qui, alors enfant de sept à huit ans, dînait ce jour à ma
table. Frappée de cette circonstance, sa mémoire en a conservé le souvenir ; et se re-
portant vers cette époque déjà lointaine, elle
n'a pas oublié non plus la ressemblance
qu'avait, dit-elle, ma petite Caroline avec
l'enfant Jésus d'une statue de la très sainte
Vierge , placée dans une chapelle du lieu que
nous habitions.

Au même âge et dans la même ville, ma
chère Caroline avait choisi de préférence un
but de promenade. C'était un champ inculte
sur le bord duquel la piété des Bretons avait
élevé une petite grotte en bois, en mémoire
d'un martyr de la révolution massacré en ces
lieux. Ce martyr était un saint prêtre qui, en
fuyant les bourreaux, n'avait pu échapper à
un détachement de *bleus* ou cohorte répu-
blicaine. Il était grossièrement représenté

dans cette grotte, que décoraient quelques
vestiges de pauvres vêtements en guise d'*ex-
voto*; c'était ce que la confiance, la foi bre-
tonne déposait là pour obtenir la guérison
des malades. Nous y allions de temps en
temps; mais il nous fallut adopter ce seul
chemin; car, aussitôt que, nous disposant à
la promenade, nous cherchions à diriger nos
pas vers un autre point, Caroline s'attachait
à mes vêtements et disait en bégayant chaque mot excepté celui de sa mère : « Maman,
» maman, au petit prêtre; allons au petit
» prêtre. » Les premières fois, j'essayai de
m'y opposer, désirant avec mes autres enfants
varier la promenade ; mais il eût fallu la con-
trarier beaucoup. Ayant enfin remarqué que
cette chère petite, une fois arrivée à la
grotte, cessait d'être importune comme le
sont toutes les enfants de son âge, je n'hé-
sitai plus. Après avoir salué la petite statue
et lui avoir adressé ses caresses, elle s'as-

seyait auprès et s'amusait avec l'herbe et le
sable, à défaut d'autre chose, sans s'éloigner
jamais du petit pélerinage. Nous nous de-
mandions pourquoi elle préférait ces lieux.
Je pensais que c'était à cause de la petite
grotte, de la petite statue, que ces lambeaux
d'objets offerts achevaient cependant de dé-
figurer ; mais cette persistance et les vertus
qui se sont développées en cette chère enfant me font supposer que, peut-être, une
attraction mystérieuse l'attirait là.

L'enfance de ma chère Caroline fut languissante jusqu'à trois ans ; à cet âge, elle
eut une maladie de cerveau très grave qui
lui fit même perdre connaissance durant plusieurs heures. En reprenant ses sens, elle me
dit, me regardant bien en face : « Tu es bien
» changée, maman, va te coucher et dors
» bien ; je ne suis pas malade. » Et comme
elle jetait des cris inhérents à ce genre de

maladie et que ces cris m'impressionnaient très vivement, je la priai de ne plus le faire. « Écoute, maman, me dit-elle, n'y fais pas » attention ; je n'ai pas du tout de mal ; » mais, vois-tu, c'est pour me guérir ; il » faut bien que je crie. » Puis elle m'embrassait pour me rassurer.

Une des nuits suivantes que je ne la gardais pas, sa tante, qui la veillait, lui recommanda de parler bas, afin de ne pas m'éveiller. Jusque-là, l'animation de la fièvre l'avait fait causer sans cesse à haute voix ; mais, à l'avis de sa tante, elle continua à voix basse son petit ramage, qu'elle n'interrompait que pour se pencher vers moi, écoutant, regardant et disant : « Maman dort bien, je ne » veux pas l'éveiller. »

C'est vers cet âge de trois ans qu'elle commença son petit apostolat. Elle aimait à parler de Dieu, de son amour, de ses bienfaits aux enfants de son âge qu'elle voyait dans l'intimité Sur ce sujet, son petit babil ne tarissait pas. Une mère de deux enfants liées avec la mienne m'en parlait souvent et s'en étonnait sans cesse ; elle l'appelait le petit prédicateur. A défaut d'enfants, elle réunissait les animaux d'une basse-cour, et je me souviens que bien souvent j'écoutais son gracieux langage qui s'imprégnait d'une harmonie charmante. « Vous ne savez pas, » vous, disait-elle, quel est celui qui vous » vous a créés ? qui a fait ce ciel, ce soleil, » ces étoiles, cette terre, ces fleurs ? Eh » bien ! Celui-là, c'est Dieu ! » Elle s'étendait longtemps sur ce sujet, dans son langage enfantin, qui devenait quelquefois sublime.

Une de ses habitudes affectueuses que personne n'a pu lui faire passer était de me

souhaiter le bonsoir après avoir été couchée
dans son berceau. Longtemps, bien longtemps, chaque soir, j'entendais sa petite
voix, d'un timbre si doux et si argentin, redire ce bonsoir qui se répétait et se renouve-
lait sans cesse : « Bonsoir, bonne nuit, ma-
» man ; dors bien ; tu n'es pas fâchée contre
» moi, n'est-ce pas, maman ? » Sa bonne,
étonnée de cette persévérante habitude, pré-
tendait que cela tournait en manie ; mais
moi qui connaissais ce bon petit cœur, je ré-
pondais cent fois, s'il le fallait, plutôt que de
l'affliger. Elle a continué ainsi jusqu'à son
dernier jour. Son amour filial débordait en
toute occasion ; une de ses sœurs lisait un
jour à haute voix, en famille, un trait admi-
rable de piété filiale ; nous nous récriâmes
tous d'admiration. « Oh ! mais aussi pour
» une mère, dit Caroline, une mère !... Que
» ne ferait-on pas pour une mère ? »

Vers l'âge de cinq ans, elle reçut le scapulaire de l'Immaculée-Conception. Je remarquai que, déjà, elle appréciait à sa juste
valeur la protection de la très sainte Vierge ;
pendant la cérémonie, elle fut profondément
et pieusement recueillie. Le missionnaire
qui la revêtit du scapulaire eut la bonté de la
combler de souvenirs pieux qu'elle a conservés longtemps, et qui embellissaient plus
tard son petit oratoire.

A cet âge si tendre encore, elle me fit un
petit mensonge que je racontai à son excellent parrain, de passage chez moi. Il aimait
tendrement sa chère filleule ; cependant, il
me fit une obligation de conscience de punir
sévèrement cette faute à la première occasion. Les mères seules savent combien il leur
en coûte pour châtier leurs enfants, selon le
conseil de l'Esprit-Saint, et quelquefois elles
reculent devant cette extrémité ; car, c'est

bien leur propre cœur qu'elles flagellent,
qu'elles brisent et qui en souffre la première
et plus vive douleur. Mais comment décrire
la lutte qu'il faut avoir contre ce pauvre cœur
de mère, quand il s'agit d'une enfant si
jeune, si caressante ? Hélas ! cependant, il
fallut bien que la correction maternelle fût
donnée, et je n'ai jamais oublié que cette
chère enfant, loin d'en éprouver de l'amertume, vint, son petit visage inondé de larmes,
m'enlacer par le cou, me baiser les mains,
me promettant de ne jamais recommencer.
Elle avait instinctivement compris la lutte et
le sentiment qui me faisait agir.

Depuis sa naissance, elle portait la médaille miraculeuse. Quand ses chers objets
de piété se trouvaient perdus ou usés, cette
chère petite ne cessait de me tourmenter
pour les remplacer.

À six ans, elle voulait se confesser chaque
fois qu'elle avait menti ou donné sa parole
d'honneur sans y songer ; elle ne se permet-
tait pas la plus légère faute volontaire. Et
quand, autour d'elle, s'élevaient des propos
flatteurs sur sa grâce et sa gentillesse, si le
murmure en arrivait jusqu'à ses oreilles, elle
me disait : « Je ne veux pas avoir d'orgueil,
» parce que le bon Dieu ne le veut pas et
» que c'est un grand péché. » J'ai retrouvé
ce dernier trait dans les lettres que j'écrivais
à mes enfants aînés, en pension à cette
époque.

Vers le même temps, nous fûmes appelés
à changer de résidence ; celle que nous allions habiter était remarquable par ses sites
enchanteurs. On nous en avait beaucoup
parlé. A la vue de ces aspects pittoresques
et grandioses, comme le sont les œuvres de
Dieu, ce fut ma chère Caroline qui en fut le

plus saisie d'admiration ; je ne pouvais la
décider à quitter le jardin qui dominait cette
belle perspective ; elle s'écriait : « Que c'est
» beau !... Que c'est beau ! On nous avait
» bien dit que c'était beau, mais je n'aurais
» jamais cru que ce fût aussi beau. » Et son
regard plongeait, se ravissait ; je le remarquai sans m'en étonner. J'avais déjà lu toute
la poésie de sa jeune âme. Elle avait six ans
à cette époque.

Rien ne lui inspirait plus de pitié que l'a-
bandon des pauvres petits enfants infidèles ;
aussi s'occupait-elle de l'Œuvre de la Sainte-
Enfance avec ardeur. Plus tard, elle imagina
de petites loteries enfantines dont on se pro-
curait un billet pour une aiguille, une épingle, une plume d'acier ; et quand elle s'en
était procuré un certain nombre, elle venait
me les vendre, le plus cher possible, bien
entendu, puis elle me demandait des lots

pour le tirage. On ne pouvait rien lui refuser, tant elle mettait d'âme et de cœur dans
ses instances. Cet argent allait à l'OEuvre de
la Sainte-Enfance, et parfois dans le tronc
destiné à la très sainte Vierge; mais elle
gardait, là-dessus, le silence, sachant bien
qu'il ne faut pas divulguer ses bonnes œuvres.

CHAPITRE II.

PIÉTÉ CROISSANTE.

In conspectu Angelorum psallam tibi, Deus meus.

Mon Dieu, je chanterai vos louanges en présence des Anges.

Ps. 137.

———— ∞ ————

Vers l'âge de sept ans, Caroline se consacra à la très sainte Vierge. Je la vis prier devant l'autel ; la ferveur de son attitude me frappa. En sortant de l'église, elle me dit : « Maman, je viens de me donner tout à fait » à la sainte Vierge. »

Nous allâmes, vers cette époque, aux bains de mer. Ma pauvre enfant ne pouvait se décider à s'y plonger entièrement. Dans la pensée qu'elle aurait pu en ressentir un bon effet, je la sollicitais de toute manière à prendre ses bains plus complets. Je n'ai pu y réussir qu'en lui promettant de l'argent pour les pauvres, et c'était un supplice tous les jours répété. Hélas! le germe de sa maladie, que déjà elle portait sans doute à l'insu de tous, expliquait le mal qu'elle en ressentait. Mais ce pauvre petit ange ne savait pas résister à la charité. Elle aimait les pauvres d'une vive tendresse, et on ne pouvait ni en refuser aucun, ni donner faiblement sans l'affliger. Ses supplications pour eux étaient si touchantes qu'il n'était pas facile d'y résister.

Les petits enfants la charmaient. Ils avaient aussi une large part dans ses affections, et

souvent elle amenait un sourire sur mes lèvres, lorsqu'elle s'écriait, en les voyant courir et folâtrer : « O chers petits, comme je
» les aime ! » Et m'interpellant comme d'habitude : « N'est-ce pas, maman, c'est parce
» qu'ils sont innocents et dans la grâce du
» bon Dieu qu'ils sont si aimables ? » Ma
réponse était facile. Elle-même aimait à s'a-
muser presque avec passion. D'une nature
vive et ardente, quoique réfléchie, ses jeux
devenaient parfois très bruyants ; et quand
j'essayais de la rendre plus calme : « Ah !
» maman, cela n'est pas un péché ; j'ai be-
» soin de courir, vois-tu ? »

Je peux citer ici un petit essai de bouts-
rimés qu'elle avait jetés sur le papier, dictés
assurément plutôt par le cœur que par le
talent ; mais les pensées expriment bien son
affection pour les enfants :

L'ENFANT AU BERCEAU.

Dors, mon ange
Aux yeux bleus :
Dors et rêve aux cieux;
Rêve ainsi à Dieu, aux Anges.

Quand tu dors,
Sur ton visage si gracieux
Il me semble voir se mirer les cieux
Il me semble que des cieux tu sors.

On dirait que Dieu
Ne t'a pas créé pour être sur la terre
Dieu l'a voulu pour ta mère !
Mais on dirait que tu devrais habiter dans les cieux.

Tu ne t'inquiètes pas de la veille,
Tu es encore la pure enfance ;
Et lorsque tu te réveilles,
C'est pour embrasser ta mère vers qui tu t'élances.

> Quand tu dors,
> Ange aux yeux bleus,
> Dans ton berceau bleu
> Aux Anges tu peux faire tort.

Sans doute, ce qui précède n'indique pas la science de la poésie ; mais cette chère enfant n'en avait fait nulle étude. Son cœur seul parlait, et c'était une harmonie naturelle. Elle m'offrait de petites compositions de ce genre à l'époque des étrennes. Là, c'est l'amour filial qui déborde, la reconnaissance, la piété. Voici la lettre qu'elle me remit le premier jour de l'an et la dernière fois qu'il nous fut donné de recevoir ses vœux. Cette petite lettre très simple était adressée à son père et à moi :

« Cher Papa et chère Maman,

» Je voudrais que ce premier jour de
» l'an se renouvelât tous les matins, afin de

» pouvoir plus souvent vous offrir mes vœux
» de reconnaissance et d'amour. Je ne me
» lasserais jamais de le faire. Mais si tous les
» jours de l'an ne sont pas ce premier jour,
» je tâcherai par ma bonne conduite de vous
» offrir bien souvent les consolations que
» vous avez droit d'attendre de votre petite
» fille pour laquelle vous êtes si bons ; c'est
» ainsi que je veux vous prouver la sincé-
» rité de mon affection.

» Adieu, cher Papa et chère Maman.
» Croyez à l'affection toute sincère de votre
» fille qui vous chérit.

» Caroline de K...

» Rochefort, 31 décembre 1862. »

A cette lettre étaient joints un col et des
manchettes brodés par elle, puis un petit
bouquet de violettes, dont le pied était en-

roulé dans cette petite pièce pleine de sentiment :

A NOTRE MÈRE CHÉRIE.

—

Qui pourrait décrire d'une mère l'amour ?
A ses enfants chéris elle pense toujours.
Que ne ferait-elle pas pour les satisfaire ?
Car, dans ses enfants, qui pourrait lui déplaire ?

Il nous semble te voir, bonne mère chérie,
Auprès de nos berceaux, et là tu nous souris ;
Et souvent tu nous parles des cieux,
Tu nous dis que là réside le bon Dieu.

A peine balbutions-nous le doux nom de mère,
Que tu veux nous apprendre une belle prière.
Eh ! bonne mère, quand tu nous vois grandir
Tu nous fais alors un heureux avenir.

Je te rendrai cela en ferventes prières
Le jour de ma première communion, bonne mère,
Et après je continuerai
Pour toi, bonne mère, à prier.

Ceci fut écrit le matin dans son lit avant son lever et devant ses sœurs ; la bien chère enfant laissait aller son cœur, sans s'occuper ni du style ni de l'élégance. Ne savait-elle pas que c'était le cœur qui pour moi était précieux?

A l'âge de neuf ans, elle commença à aller au catéchisme. Elle y fut interrogée dès le premier jour et sut bien y répondre. Elle se préparait à sa première communion et devait la faire avant l'âge de dix ans, et recevoir aussi le sacrement de Confirmation. Heureuse de cette pensée, ce fut une peine bien amère pour elle de la voir remise à deux ans plus tard ; mais, forcés que nous fûmes à cette époque d'aller habiter un diocèse où les enfants ne sont admis qu'à douze ans, elle dut se résigner à attendre, et c'est alors, sans doute, qu'elle prit l'habitude de faire son petit journal quotidien. Là, elle s'humilie de sa dissipation comme d'une faute grave ; jamais un mot de blâme sur ses maîtresses ; elle se condamne seule, parle de son désir de s'unir à Dieu dans la sainte communion; Hélas ! elle ne devait la faire qu'en viatique!!!

Nous quittâmes donc cette chère ville de Dinan, que ma petite Caroline avait, à son arrivée, admirée avec tant d'enthousiasme. Elle quittait ses bonnes maîtresses, les Dames Ursulines, qui avaient contribué à développer dans son cœur les germes précieux des vertus qui, aujourd'hui, je l'espère, forment sa parure immortelle. Elle les regrettait toutes ; mais elle parlait plus souvent de la bonne mère St-Paul, qui s'occupe plus spécialement des jeunes enfants et qui fut pour ma petite fille d'une tendresse et d'une douceur vraiment maternelles.

Quelques jours après le premier janvier, je trouvai un petit papier plié en quatre qu'elle avait oublié parmi ses jouets et ses petits chiffons de poupée. Je le mis religieusement de côté, et le conserve comme un précieux souvenir. Ma chère fille a toujours ignoré que je l'avais en ma possession. J'ai gardé le silence ; elle, de son côté, n'en a rien dit.

Il portait pour adresse ces mots :

« *Au Ciel,*
» *Au Ciel ma patrie.*

» Que mon bon Ange veuille bien remettre
» cette lettre à la sainte Vierge elle-même.

» CAROLINE, votre enfant. »

« Ma bonne Mère,

» Je vous écris pour vous demander ce
» qu'il faut donner au bon Dieu pour son

» premier de l'an. Je lui offrirai, bonne Mère
» chérie, mes petits sacrifices, n'est-ce pas ?
» il sera bien content. Vous demanderez la
» bénédiction au bon Dieu pour moi, n'est-
» ce pas ? pour qu'il m'accorde la grâce de
» faire une bonne première communion.

» Adieu, ma bonne Mère.

» Votre enfant qui vous aime de tout son
» cœur,

» CAROLINE DE K... »

Un officier vint un jour nous visiter. Mes
enfants, qui l'aimaient beaucoup, s'imagi-
nant qu'il était peu croyant, lui firent don
d'une médaille miraculeuse en le priant de
répéter ces paroles : « O Marie conçue sans
péché, etc. » Ma petite Caroline fit à l'écart
une petite prière; puis, venant avec ardeur les
mains tendues et le regard animé vers cet
officier et l'interpellant par son nom : « Un
» tel, est-ce que tu ne sens rien déjà ?... »

Sa foi vive mêlée d'une ravissante candeur la persuadait qu'une conversion immédiate allait s'opérer, et tout le jour et le lendemain, elle me disait : « Maman, comme » c'est étonnant! J'ai pourtant bien prié la » sainte Vierge. » Je la convainquis, à la fin, que ces grâces ne s'obtenaient habituellement qu'à force de prières.

Le démon s'efforça longtemps d'affaiblir cette foi si vive ; elle me racontait presque avec larmes les tentations qu'elle avait à subir de ce côté ; et pendant plus d'un mois, j'espérais réussir en la plaisantant. Je commençai à lui dire qu'il était ridicule à une enfant de son âge de s'occuper de ces objections ; que les plus grands génies avec tous les Saints avaient assurément plus d'intelligence et d'expérience, et qu'ils avaient cru aveuglément et totalement, qu'il fallait cesser de s'occuper de ces pensées.

Je croyais détourner son esprit et la
délivrer de ses tourments ; mais le démon
ne se tint pas pour battu ; les tentations ne
cédèrent pas, et ma chère enfant me redi-
sait sans cesse ses peines à ce sujet. Alors,
je changeai de tactique, et lui dis : « Eh
» bien ! ma petite, tant mieux ; tu auras plus
» de mérites ; à chaque victoire que tu rem-
» porteras, tu ajouteras une perle à ta cou-
» ronne ; fais seulement un acte de foi pour
» toute réponse au démon. »

Depuis lors, elle fut aussi heureuse qu'elle
avait été désolée. En arrivant de la classe,
elle venait à moi en sautant de plaisir et me
disait : « Oh ! c'est moi qui ai gagné des
» mérites aujourd'hui ! J'ai fait bien des
» actes de foi ; je suis contente, maman !
» Bien souvent il m'arrive, depuis long-
» temps, à cause de cela même, de faire des
» signes de croix à l'étude et ailleurs. Les

» élèves me demandent : Caroline, qu'avez-
» vous donc à faire des signes de croix ? Je
» ne veux pas leur dire pourquoi ; elles doi-
» vent me trouver bien drôle. » — « Qu'est-
» ce que cela fait, répondais-je ; ne t'en
» inquiète pas, pourvu que le bon Dieu soit
» content. » — « Ah ! c'est vrai, maman. »
Et cela la satisfaisait de suite.

CHAPITRE III.

PRESSENTIMENTS.

> *Quid si spiritus locutus ei aut Angelus?*
>
> Que savons-nous si un esprit ou un ange ne lui aurait point parlé?
> *Act.* 23, 9.

———————

Caroline n'avait que dix ans lorsque je fis une maladie très grave qui me conduisit aux portes du tombeau. Ma bien-aimée petite fille fit une prière pour s'offrir à ma place, me raconta une de ses sœurs..... Mon Dieu! l'auriez-vous exaucée!.....

2*

Mais, je vois encore sa petite physionomie toute défaite et amaigrie, dont le regard plein d'alarmes se fixait sur moi avec tant de sollicitude ! Quand le danger fut passé, l'aimable enfant me dit : « Oh ! Maman, j'avais
» tant de peine et ne pouvais pleurer ; la
» peine m'étreignait à la gorge. Que mes
» sœurs sont heureuses de pouvoir pleurer
» à leur aise ! »

Un mois après, une de ses tantes, sa marraine, vint me voir et me soigner. Caroline la conduisit un jour au cimetière, et sa marraine lui fit observer qu'elle le trouvait un peu mondain.

« Pas moi, marraine, répondit-elle ; quel-
» que chose me dit que j'y serai enterrée ;
» tiens, marraine, vers cet endroit, » en désignant un emplacement à gauche d'une grande allée. (C'est, en effet, à gauche de

cette allée, qu'elle repose aujourd'hui dans
sa couche funéraire). Alors, sa marraine la
traita en riant de petite radoteuse. — « Je
» t'assure, marraine, que quelqu'un me
» parle dans mon intérieur; je crois bien
» que c'est la sainte Vierge; tu verras que
» je serai enterrée ici. » — En rentrant,
ma sœur me cita le choix de leur promenade,
en ajoutant que Caroline lui avait tenu de
singuliers propos. Je voulus les connaître,
mais l'enfant mit une telle insistance à re-
commander le secret à sa marraine, que
celle-ci fut obligée de le taire, et je me souviens que j'en fus préoccupée toute la journée. Je fis même des reproches à ma bien
chère fille sur le silence qu'elle voulait qu'on
gardât envers moi à ce sujet. » Je te dirai
» tout, maman, s'écria-t-elle; mais ce n'est
» rien; » cherchant à me donner le change
en attirant ailleurs mon attention.

Je n'ai connu les circonstances qui précèdent que plusieurs mois après sa mort, et l'endroit où elle repose a été choisi par le pieux ecclésiastique, l'ami de la famille, qui a sollicité et obtenu la faveur de choisir lui-même cette place ; il ignorait lui aussi ce que je viens de raconter.

Pendant le séjour de sa tante parmi nous, ma chère fille lui demandait souvent de petites choses, que celle-là lui refusait d'abord ; mais, portée malgré elle à gâter sa petite filleule, elle les lui offrait plus tard ; et, à son tour, l'enfant les refusait d'un air joyeux, ce qui persuadait sa marraine qu'elle faisait un sacrifice pour les âmes du purgatoire. C'était sa grande dévotion.

Un an plus tard, elle alla passer, avec ses sœurs et moi, quatre mois à la campagne de ma mère. Là, elle demandait souvent le soir

à ses cousines, un peu plus âgées qu'elle :
« Avez-vous pensé à faire quelques mortifi-
» cations pour les âmes du purgatoire.? »
Lorsque celles-ci lui donnaient une réponse
négative : « Oh ! si, moi, leur disait-elle in-
génuement. » Un jour, ayant entendu raconter qu'une sainte, pour se mortifier, mettait
des pois dans ses souliers, elle en mit aussitôt dans les siens pour aller au bourg et les
garda toute la journée.

Elle enseignait à ses cousins et à ses cousines ce qu'il fallait faire pour gagner des
indulgences. Je tiens tous ces derniers détails de sa marraine qui m'écrivait de plus
ces lignes :

« Je me souviens que nous étions toujours édifiées le soir, lorsque tu te rendais
avec tes filles aînées à la grotte de la sainte
Vierge, pour dire le chapelet; ma bien chère

petite filleule jouait alors avec plusieurs autres enfants ; je la voyais quitter spontanément les jeux les plus attrayants et te suivre ;
j'admirais le courage de cette petite ; je voyais
que la piété dominait toutes ses actions ; je
riais en voyant ses compagnes la suivre d'un
regard attristé ; le jeu cessait aussitôt, car
elle était l'âme de tout. »

Elle suivait en cachette toutes les personnes qui allaient prier à la grotte de la sainte
Vierge, pour y aller prier elle-même, m'ont
raconté ses cousines.

La trouvant encore bien jeune pour inter-
rompre ses jeux pendant les vacances, j'évitais de l'appeler pour la récitation du chapelet. Ma petite Caroline m'en faisait de
grands reproches, que je méritais de nouveau dès le lendemain, car la voyant s'amuser et rire de si grand cœur avec les autres

enfants, je n'avais pas le courage de l'inter-
rompre; mais à peine s'en apercevait-elle,
qu'elle me rejoignait en courant, me faisait
ses plaintes en me disant qu'elle voulait toujours dire son chapelet. Le repos prolongé
après tant d'exercices, la brise qui, vers le
soir, se raffraîchissait, etc., etc.; toutes mes
meilleures raisons devenaient sans valeurs
à ses yeux.

En quittant sa marraine, ma chère fille
lui dit : « Adieu ! » — « Au revoir, lui ré-
» pondit sa marraine, on ne dit pas adieu ! »
— « Tu verras que je mourrai avant long-
» temps. » Et elle ajouta en riant : « J'ai
» une maladie au cœur, on ne veut pas me
» croire; je pense que nous ne nous rever-
» rons plus ! » Ce qui dut paraître d'autant
plus étrange à sa marraine que l'enfant s'é-
tait beaucoup fortifiée chez ma mère; qu'elle
n'avait parlé de cette maladie qu'une ou

deux fois peut-être, en plaisantant, et qu'il
semblait à tous qu'elle eût mieux profité que
tout autre de ce long séjour à la campagne,
qui n'avait eu lieu que pour essayer de réta-
blir ma santé toujours compromise.

Qui eût pu prévoir, hélas! que l'arbre
déjà frappé, presque abattu, eût résisté, pour
survivre au jeune rameau si plein alors de
fraîcheur et de vie!

Un mois avant la mort de cette chère enfant, une amie visitant ma famille disait, en
parlant de ma Caroline : « Cette enfant se
» prépare avec tant de ferveur à faire sa
» première communion, qu'elle n'a plus
» l'air de tenir à la terre. A l'église, on di-
» rait un ange en adoration. »

Vers cette époque, j'évitais de la faire assister aux longs offices; mais il me fallait,

chaque dimanche, émettre un nouveau refus, me contentant de l'envoyer à la messe de onze heures qu'elle n'aimait pas, mais dont l'heure me convenait pour elle : une fois, cependant, je me laissai gagner. Qu'elle fut recueillie et appliquée à la prière ! que sa tenue fut respectueuse ! Je la vois encore les yeux baissés sur son livre d'heures, gardant, tout le temps de la grand'messe et du prône, une immobilité complète : j'en fus d'autant plus édifiée que sa pétulance naturelle m'était bien connue.

Je me souviens de l'avoir entendue énoncer son sentiment sur les affections légitimes, mais naturelles, en disant qu'il fallait bien veiller à ce qu'il ne s'y glissât rien d'humain. Je cite toujours ses paroles textuelles. Cette expression sur les lèvres d'une enfant de cet âge m'étonna beaucoup ; mais nous nous contentâmes d'échanger un coup d'œil en famille.

Sa vivacité naturelle l'obligeait à faire de puissants efforts pour se vaincre. Plusieurs petites notes trouvées après son décès, portant les jours de la semaine suivis de petits points, indiquaient qu'elle marquait ses victoires ou ses défaites. Sans avoir lu la méthode de saint Ignace, elle la suivait, sans doute, pour son examen particulier.

Elle n'aimait ni le monde, ni à ce qu'on s'occupât d'elle; au contraire, elle fuyait les regards et cherchait à passer inaperçue.

Au couvent où elle était demi-pensionnaire, on lui fit le reproche de ne pas tenir ses cahiers de conférence religieuse assez en ordre. Ce fut le bon aumônier lui-même qui me le dit. Une de ses maîtresses aussi se plaignait de ce que cette chère enfant n'était pas souvent la première de sa classe, persuadée qu'elle eût pu l'être toujours. Sans doute, cette pauvre chère enfant était déjà souffrante sans qu'on pût s'en douter. Je me rendis près de la supérieure, la Mère A... et lui demandais si elle était satisfaite de ma fille : « J'en suis on ne peut plus contente ; » soyez tranquille à cet égard, me dit-elle. » — « Cependant, lui dis-je, Monsieur l'abbé se » plaint de ses cahiers de conférence; l'or- » dre y manque, paraît-il. — Que voulez- » vous, Madame? c'est peu de chose. Quant » à moi, je puis assurer que j'en suis très » contente. Oh ! que je voudrais voir toutes » nos enfants comme elle ! La chère petite » est pleine de foi, de piété et pure comme » un ange. Je ne peux que vous exprimer ma » satisfaction et vous féliciter. » Voilà le seul langage que m'a tenu, à plusieurs reprises, cette bonne supérieure.

Ce fut elle, qui vint si souvent la visiter dans sa dernière maladie, et qui, après la

mort de cette chère enfant, m'assurait que,
si quelque maîtresse avait peine à vaincre
un caractère difficile dans une élève, elle
implorait la petite Caroline et y réussissait.
« Les élèves aussi la prient pour réussir dans
leurs études et se vaincre, » ajouta-t-elle.

Cette chère religieuse, âme d'élite, supérieure par le cœur comme par l'intelligence, vient, très jeune encore de terminer
sa carrière, édifiant jusqu'à la fin toutes ses
sœurs par une mort des plus précieuses
devant Dieu. Prévoyant la fin prochaine de
cette bonne Mère, et comprenant, d'après
toutes ses vertus, ses souffrances et ses mérites, que la mort était pour elle un gain, je
lui envoyai, avec la plus douce sécurité, dans
une lettre, mes messages pour le ciel, près
de ma fille bien-aimée. Elle me fit la réponse
la plus gracieuse, me promettant d'être mon
interprète fidèle selon mes recommandations.

Déjà, plusieurs messages ont été ainsi adressés à cette enfant bien-aimée. Une petite novice, quelques instants avant de partir pour la céleste patrie, disait dernièrement à une de mes filles, novice comme elle : « Voilà que je vais rejoindre la petite Caro- » line ; que dois-je lui dire de votre part? » Ma fille saisit cette occasion si précieuse pour elle, et fit, elle aussi, ses recommandations. Voilà, comme de la terre au ciel s'entretiennent ou s'établissent ces relations si douces pour le cœur, si consolantes et avantageuses pour l'âme encore exilée.

Un jour que ma chère enfant était déjà très souffrante, son père l'invita, dans l'intérêt de sa santé, à faire avec lui une course un peu longue, en ajoutant, pour la décider, qu'elle trouverait au terme une nombreuse bibliothèque. C'était un moyen persuasif; elle aimait beaucoup la lecture. Au moment du

départ je lui recommandai de bien veiller à
ne pas lire de mauvais livres pendant que son
père serait occupé : « Oh ! ne crains pas,
» maman, je regarderai bien au titre et à
» l'auteur. » Ce mot d'auteur me fit sourire.

A son retour, ma chère enfant riait de
tout son cœur et se pressait de me citer le
titre d'un ouvrage qu'elle avait vu dans les
rayons ; titre, en effet, bien étrange et
prouvant à ses yeux un état de démence ou
de fureur de la part de l'auteur et de
niaiserie incroyable de la part des lecteurs
assez crédules pour ajouter foi à de si
grosses absurdités. Ce titre portait : *Crimes
et attentats des Jésuites* ; aussi cette enfant
qui avait connu et pu apprécier plusieurs
religieux de ce saint ordre ne pouvait revenir de son étonnement : « Tu penses bien,
» maman, que j'en ai eu bien assez du titre ?

» Mais comprends-tu ? crimes et attentats
» des Jésuites ! crimes et attentats du père
» J***! » Citant alors le nom d'un saint religieux de cet ordre qu'elle avait vu plusieurs
fois et dont la conversation si édifiante
l'avait charmée, elle ne pouvait retenir son
hilarité. C'était sous l'aspect ridicule qu'elle
envisageait ce livre en ce moment ; mais
aussi, par instants, elle s'indignait, ne
sachant comment expliquer une haine semblable contre le catholicisme, sentant bien
qu'au fond c'était à la religion que l'auteur
s'attaquait.

Son jugement était si sûr, que ses sœurs,
ses aînées de plusieurs années, la consultaient
souvent et surtout quand il s'agissait de
petites affaires de conscience. L'interrogeant
un jour sur la manière d'accuser leurs fautes,
sa réponse fut celle-ci : « Il faut surtout
» éviter l'amour propre dans le choix des ex-

» pressions et tout dire d'une manière con-
» venable. » — « Comment dirais-tu telle
» faute ? » Et elle fit, après une petite pause,
une réponse si convenable, d'une telle pré-
cision, d'une telle sagesse, qu'elle ne laissa
rien à désirer.

Le 5 mai 1862, elle fit avec moi une
visite à un pieux et bon ecclésiastique
qu'elle aimait et estimait beaucoup. Je parlai
encore de mes craintes sur sa santé et
j'ajoutai, poussée par ce pressentiment qui
me suivait partout : « Mon Dieu ! ma petite
» fille n'a pas encore envie d'aller au ciel ! »
— « Oh ! répondit-elle, c'est qu'il n'y a pas
» qu'à mourir ; et le purgatoire ? » et, après
s'être un peu recueillie, elle ajouta :
« Monsieur l'abbé, pour combien de temps
» pensez-vous que j'en aurai en purga-
» toire ? » — « Pour un jour ou deux, peut-
» être, » lui fut-il répondu. — « Ah ! ré-

» pliqua-t-elle, un seul jour est bien long en
» purgatoire ! » L'excellent prêtre à qui elle
adressa ces paroles est persuadé que ce
n'étaient pas les souffrances qui la préoc-
cupaient, mais bien la privation de la vue de
Dieu.

CHAPITRE IV.

INDICES INQUIÉTANTS.

*Quæ oportet fieri cito signific.vit
(Deus) mittens per Angelum suum.*

Dieu a fait connaître les évènements
prochains par son Ange.
Apoc. I, 1.

———⟨∞⟩———

Depuis quelques mois, ma chère fille se
plaignait de temps en temps ; le médecin n'y
voyait rien de grave encore ; il est vrai qu'elle
se développait, se fortifiait même extérieure-
ment ; mais peu à peu une pâleur extrême
remplaça la fraîcheur habituelle à cet âge ;

elle éprouvait des douleurs rapides, mais
très vives dans les membres, ne pouvait
respirer librement, et rien n'était encore
visible pour la science. Six semaines avant
sa mort, elle eut un pied enflé et ne s'y appuyait qu'avec peine. Je lui fis palper le pied
et on lui prescrivit un repos absolu. Ma
chère enfant pendant cette inaction se dis-
trayait par la lecture. Je reçus alors la visite
d'une amie qui fut frappée de l'expression
de son regard; elle m'écrivait après son
décès : « Pauvre petit ange ! je vois toujours
» sa charmante figure, son regard tout cé-
» leste; elle était plus du ciel que de la terre. »
J'aurais dû moi-même m'en apercevoir. Chaque jour, graduellement, son regard s'imprégnait d'une teinte vague et indéfinissable
qui semblait lire au-delà de ce monde.

Souvent ses sœurs lui disaient : « Mais
» qu'as-tu dans les yeux, Caroline ? Ne nous

» regarde pas ainsi, tu as l'air de lire dans
» l'âme. » Elle ne répondait que par un
sourire.

Je lui dis plusieurs fois d'exercer sa plume,
afin de ne pas oublier ce qu'elle avait appris,
et d'écrire ce que bon lui semblerait.

J'ai retrouvé quelques-uns de ces exercices,
et voilà ce qu'ils contenaient en terminant :
« J'aime la sainte Vierge et je suis aimée
» d'elle; j'aime Jésus et je suis aimée de lui;
» j'aime S. Joseph et je suis aimée de lui. »
Puis, mêlant le langage enfantin aux sen-
tences, elle continue : « Ma fille, sois sage et
» je te donnerai une jolie petite poupée tout
» habillée de rose, et un petit ménage
» de porcelaine de Chine. — Aime ton
» père et ta mère ; sois respectueuse en-
» vers tes parents ; car l'heure de mourir
» approche. Sois gentille envers tes sœurs. »

Dans un autre, au milieu de riens ima-
ginaires, elle revient toujours à dire d'édifiantes paroles : «Vive Jésus! Vive Marie! Vive
» Joseph ! Sainte Anne que j'aime beaucoup
» m'a sauvée. » D'autres fois, elle faisait de
petits dessins bien expressifs de sentiment,
mais d'où l'art est exclu. L'un d'eux représente Notre-Seigneur couvert de larmes ; au
bas se trouvent ces mots : « O divin Jésus!
» vous pleurez les péchés des hommes. »
Un peu plus loin elle le représente ouvrant
les bras, puis sont inscrits ces mots :
« Il ouvre encore ses bras pour nous rece-
» voir! » Puis deux autres images de la très
sainte Vierge, dont l'une la représente
portant d'une main la couronne d'épines et
de l'autre les clous. Dans une quatrième on
la voit près de son divin Enfant, et au bas .
« O bonne mère, elle contemple son Enfant! »
La Providence a permis que nous ayons retrouvé toutes ces choses, après sa mort,

parmi ses papiers et ses jeux. C'était comme son âme, son esprit, son intelligence qui demeurait parmi nous.

Mais son esprit, son âme se montrent surtout dans son petit journal dont je vais transcrire ici quelques pages.

CHAPITRE V.

JOURNAL SPIRITUEL.

> *Ascendit fumus incensorum de manu Angeli coram Deo.*
>
> De la main de l'Ange la fumée de l'encens s'éleva devant Dieu.
>
> *Apoc. 8, 4.*

Voici quelques fragments du petit journal de Caroline, feuillets détachés et rares qui nous ont été conservés.

MARDI 28 OCTOBRE 1862

Il y a trois ou quatre mois que j'ai laissé

mon petit journal, parce que je m'en allais de
R... à K..., la campagne de bonne maman. Aujourd'hui je rentre à la communauté, je me
prépare à faire ma première communion. Il
faut que je sois bien sage pour la faire.

Je vais maintenant au catéchisme ; l'année
dernière, je désirais bien être à cette année pour
la faire. Oh ! quand ce moment viendra, c'est
moi qui serai contente ! J'aurais bien à dire aujourd'hui, dans mon petit journal, si je racon-
tais tout ce que j'ai fait à K... Je me suis bien
amusée, j'ai été au bord de la mer, j'ai été plusieurs fois faire de petites parties de pêche.
Nous avons été aussi au grand bois de bonne
maman, nous portions à manger depuis le matin jusqu'au soir, je m'en suis bien donné, j'é-
tais tout à fait dissipée, ce qui n'est pas bien fait
du tout, pour une enfant de la première communion, quoique à K... on dise que j'étais bien
sage. J'aurai la carte de mémoire, dimanche,
j'en suis sûre, car c'est moi.

VENDREDI 31.

C'est demain la Toussaint, c'est-à-dire la fête

de tous les saints; c'est une fête annuelle. Oh !
que je voudrais avoir fait ma première communion pour communier demain ! Il n'y a pas
catéchisme aujourd'hui, parce qu'il faut que
M. l'abbé confesse celles qui ont fait leur première communion ; mais je vais communier
spirituellement et je vais bien prier tous les
saints et particulièrement tous mes parents qui
sont au Ciel, et je prierai bien aussi les autres.
J'ai fait deux ou trois petits sacrifices aujour-
d'hui, j'en suis bien contente.

SAMEDI 1er NOVEMBRE.

C'est donc aujourd'hui le jour tant désiré.
C'est la Toussaint, la fête de tous les saints.
M. l'abbé a très bien parlé là-dessus ; c'était
charmant, aussi j'aurais voulu que ça durât
toujours.

DIMANCHE 2.

C'est aujourd'hui qu'il faut prier pour les âmes
en purgatoire !
M. l'abbé a encore très bien prêché, j'aurais

voulu que ça dure deux jours; je fais ces temps-
ci mon journal très court; car je n'ai pas le
temps.

LUNDI 3.

Nous voilà déjà à lundi. Comme le temps s'é-
coule vite! C'est demain ma fête. Quelle joie!
Maman me donne quelque chose, je serai très
sage pour l'obtenir.

MARDI 4.

Saint Charles! c'est ma fête. Quel bonheur!
Maman m'a menée au bazar et là j'ai acheté une
boîte à ouvrage, et le soir je me suis bien
amusée. Saint Charles! c'est mon patron, parce
qu'il n'y a pas encore de sainte Caroline au
Ciel.

SAMEDI 8.

Aujourd'hui, bonne mère nous a réunies;
elle nous a dit de bien dire notre chapelet et je
l'ai bien dit.

DIMANCHE 9.

C'est aujourd'hui la Dédicace des églises. J'ai
eu trois cartes, la seconde carte de mérite, la
seconde carte d'application et la seconde carte
de lecture. C'est dans huit jours que M. l'abbé ***
viendra, j'en suis bien contente ; car il est très
bon et très saint.

MARDI 11.

Je n'ai pas été obligée de me lever pendant la
conférence. M. l'abbé ne m'a pas interrogée.
J'ai regardé aujourd'hui mon autre journal de
l'autre année, j'ai remarqué qu'il y avait beaucoup de simplicité près de celui-ci ; cela m'a
bien contrariée, car j'aime beaucoup la simplicité.

SAMEDI 15.

C'est dans quatre jours que M. l'abbé *** vient.
Quelle joie ! le temps s'écoule bien vite. J'ai
payé aujourd'hui ma Sainte-Enfance et j'ai été
à confesse.

MARDI 18.

C'est donc aujourd'hui que vient M. l'abbé.
Quand j'irai à la maison il sera là. Il y a eu conférence aujourd'hui, j'ai été punie à la récréation, c'était la première fois depuis la rentrée;
j'ai copié vingt-cinq vers parce que j'étais sortie
de la salle sans permission.

VENDREDI 21.

C'est aujourd'hui la Présentation de la très
sainte Vierge au temple à l'âge de trois ans;
c'est une jolie fête et le renouvellement des
vœux.

DIMANCHE 23.

Aujourd'hui, j'ai eu un *assez bien* à la piété.
Bonne mère n'était pas contente, parce que j'é-
tais première communiante, je n'ai pas eu de
très bonnes notes.

MARDI 25.

Aujourd'hui il n'y a pas eu de catéchisme, je

n'en ai pas été fâchée ; car j'avais un *assez bien*
à la piété, mais dimanche j'espère que j'aurai
ma carte de mérite, ma carte d'application et
d'autres.

MERCREDI 26.

J'ai acheté un col pour maman et puis les
manches pour son premier de l'an, je vais bien
m'appliquer, il est très joli.

DIMANCHE 30.

J'ai eu trois cartes aujourd'hui. Avant les vê-
pres à la chapelle, quand on disait le *Memorare*
pour se préparer à la fête de Marie, j'ai res-
senti quelque chose qui me disait d'être bien
sage, je me suis dit que je le serais.

MARDI 2 DÉCEMBRE.

Je pense que j'aurai ma carte de mérite dimanche, car je suis sage ; j'aurai aussi ma carte
d'ouvrage, car je travaille très bien à l'ouvrage
manuel, et je ne parle pas.

MERCREDI 3.

C'est demain la sortie, quelle joie! je m'amuserai bien, j'irai me promener avec maman.

JEUDI 4.

Je me suis bien amusée aujourd'hui, j'ai été me promener toute la journée; j'avais des douleurs de tête le soir.

VENDREDI 5.

Aujourd'hui il y a eu catéchisme, mais pas longtemps. Aujourd'hui, j'ai perdu ma carte de mérite, je pense; car j'ai ri quand M. l'abbé était là le soir.

SAMEDI 6.

La semaine prochaine, je veux absolument avoir ma carte de mérite; car pour le 1er de l'an il faut que j'aie mon billet d'honneur. Je serai bien contente.

DIMANCHE 7.

Aujourd'hui j'ai eu la carte d'application et la carte d'ouvrage, j'ai eu aussi de bonnes notes. Demain, c'est la fête de l'Immaculée-Conception.

LUNDI 8.

Aujourd'hui c'est l'Immaculée-Conception. Ces messieurs du presbytère sont venus dans la salle nous voir et nous ont raconté l'histoire de Bernardette qui a vu la sainte Vierge. Je la savais avant ; car papa a vu cette petite fille et nous a raconté son histoire. J'ai eu ma carte de mérite, je fais mon possible pour avoir mon billet d'honneur. Je serais bien contente d'être bien sage.

MERCREDI 18 MARS 1863.

Je me suis levée à sept heures, j'ai donné mon cœur à Dieu et j'ai salué mon bon ange, j'ai fait différentes petites prières et me suis levée pas trop vite, c'est-à-dire, je me suis habillée très lentement après bien des baillements, ce n'est pas très joli, mais je venais de m'éveiller; j'ai été ensuite en classe. Comme la lune change aujourd'hui, madame Sainte-M... m'a dit : « Il faut bien prier le bon Dieu pour qu'il fasse beau temps. » Je ne l'ai pas fait; il a plu aussi. Tant pis pour nous; car personne n'avait prié pour cela. Je couche en bas dans une chambre toute seule, près de celle de maman; tous les soirs j'emporte la sainte Vierge de maman qui est grande comme mon bras et très jolie; elle tient le petit Jésus, je l'aime mieux que toutes les autres. Tous les soirs, maman vient me voir et m'embrasser quatre ou cinq fois; je ne veux pas la laisser partir avant.

JEUDI 19.

Ce matin, je me suis levée un peu avant sept heures, j'ai fait mes petites prières comme d'habitude. C'est la fête de saint Joseph. M. l'abbé est venu faire la méditation, tout le monde y était. Ce matin, j'ai su mes leçons, nous n'avions que l'histoire sainte. Je trouve que le temps passe bien vite et que ma première com-

munion approche vite aussi. Quel bonheur
quand nous irons à la sainte table, et quel bonheur encore plus grand quand nous recevrons
le bon Dieu! il me semble que ce sera trop de
bonheur. Je ne m'y prépare pourtant pas bien,
il faut que je sois plus pieuse. Je demande souvent au bon Dieu la grâce de faire une bonne
première communion, je pense que je serai
exaucée. Cette après-midi, il y a eu bénédiction
en l'honneur de saint Joseph. Demain il y a catéchisme puisque c'est vendredi.

VENDREDI 20.

Je me suis levée à sept heures moins le quart,
j'ai fait mes petites prières (1). Je suis allée en
classe, j'ai eu un *faible* à ma leçon. Je fais une
loterie d'aiguilles, d'épingles et de plumes. Je
donnerai l'argent pour la sainte Vierge. J'ai de
jolis petits lots qui valent plus d'une épingle.
Aujourd'hui, il y a eu catéchisme et bénédiction.
J'ai été dissipée au commencement de l'étude

(1) Ce que l'enfant appelle ses *petites prières* sont celles
qu'elle fait à son lever avant la prière dite du matin.

des devoirs. Je pense que j'aurai perdu ma
carte de mérite. Quel malheur de perdre une si
jolie carte que j'aime tant et qui me vaut plus
d'argent que les autres auprès de maman, puisque c'est celle-là qu'on donne quand on est
sage !

SAMEDI 21.

Je me suis levée à sept heures. J'ai fait mes
petites prières comme à l'ordinaire; j'ai été à
confesse aujourd'hui; je ne joue pas pour Monseigneur, car j'ai été malade. Il vient demain.
Je suis contente d'un côté, parce que j'avais
peur de ne pas savoir, de l'autre côté, je serais
contente si je savais bien. Quel bonheur demain
si Monseigneur vient, je pense qu'il nous don-
nera toute la journée à nous amuser. Je ne sais
pas si j'aurai des cartes demain. M. l'abbé a dit
que celles qui auraient deux cartes, il leur don-
nerait une gravure.

DIMANCHE 22.

C'est le dimanche de la Passion; j'ai beaucoup toussé aujourd'hui. Monseigneur vient,

quelle joie! On jouera la pièce s'il reste assez longtemps. J'aime mieux l'entendre et la voir jouer que de la jouer. Comme nous allons nous amuser! Nous nous sommes bien amusées à la récréation de midi.

Monseigneur est venu à six heures; nous allions à l'étude, il n'est resté que cinq à six minutes.

MARDI 24.

Je me suis levée à sept heures; j'ai fait mes petites prières comme à l'ordinaire, dans mon lit, avant de m'habiller (les prières du matin se récitaient en commun à la communauté): j'ai été en classe; j'ai été un peu sage, ce matin. Il y a eu conférence. M. l'abbé n'était pas content de moi, parce que mon cahier de conférence n'était pas en ordre. A midi, maman m'a apporté un pied de fleurs; c'étaient des juliennes, je crois, ou des *cierges de saint Joseph*; demain, j'en achèterai d'autres. J'ai été à genoux à l'étude des leçons, parce que j'ai ri, je ne pouvais pas m'en empêcher; c'était B... qui me faisait rire; cela ne fait rien; c'était mal à moi, une première communiante ! je n'aurais pas dû la regarder.

J'ai fait mes petites prières et me suis levée, il était sept heures moins le quart. Il y avait messe à sept heures à la communauté, je suis arrivée à la communion ; car je ne savais pas, je croyais que c'était à huit heures la messe. Comme c'est aujourd'hui l'Annonciation, bonne mère a réuni les premières communiantes pendant le travail. Nous sommes allées nous promener avec elle dans le jardin. Ce soir, il y a eu bénédiction. A la récréation de quatre heures, je me suis occupée à mon jardin.

A dater de ce moment, ma chère enfant ne retourna qu'un seul jour à la communauté, le 1er mai ; elle désirait toujours de s'y rendre, parce que, malgré son état de souffrance, elle s'y amusait beaucoup, me disait-elle. Mais la pensée de se préparer à la

première communion avec les autres élèves
et de suivre les exercices préparatoires était
surtout son plus puissant mobile.

Malheureusement, la plus grande partie de
ce pieux journal s'est perdue, détruite pro-
bablement par elle-même. Elle en avait laissé
un peu par mégarde le samedi-saint 1862;
elle n'avait alors que dix ans et demi. Je
trouvai ce petit journal et le lus avec étonnement. Elle disait, entre autres choses,
qu'elle avait fait trente-trois sacrifices le
vendredi-saint en l'honneur de la passion de
Notre-Seigneur. Je lui demandai en souriant
si elle n'avait pas exagéré sur ce petit
journal, et comment elle avait pu faire
tant de sacrifices en un seul jour. Au premier
moment cette chère enfant sembla un peu
contrariée de voir ses petits sentiments intimes découverts; mais elle ajouta très vite:
« Ah! toi, maman, c'est différent; tu dois

» tout savoir ; mais toi seule, n'est-ce pas ?
» Tiens, c'est bien facile, j'ai envie de dire
» une parole, je la retiens, de regarder une
» chose, je ne la regarde pas. Nous avons
» été, tu sais, visiter les reposoirs des
» églises pour les stations, j'ai bien veillé
» sur moi. Oh ! certes, ce ne sont pas de
» grands sacrifices ; mais j'ai bien compté
» mes trente-trois..... » Aussi, avec une
nature très vive et très ardente, je voyais
cette enfant demeurer parfois grave et silen-
cieuse ; c'était sans doute dans ces instants
de recueillement intérieur que la grâce opérait et qu'elle s'appliquait à y correspondre.

CHAPITRE VI.

MALADIE.

Angelus descendit in fornacem
L'Ange descendit dans la fournaise.
Dan. 5, 49.

～～～～～

Personne encore ne s'effrayait ; et mes inquiétudes personnelles, ou plutôt une sorte de terreur secrète, de pressentiments vagues, étaient traités par tous de frayeur exagérée et d'imagination. Dieu la voulait pour lui, et moi-même j'éloignais ces prévisions qui me revenaient sans cesse, et la soignais avec sollicitude, mais sans direction médicale, quand tout à coup, le mercredi 6 mai 1863, la maladie se déclara avec une intensité si désolante que le médecin lui-même en fut effrayé. Le matin de ce jour je fis encore avec elle la promenade journalière au jardin de la ville, et là, j'essayai de la distraire avec les fleurs, la verdure, les oiseaux et une gentille créature de deux ans à peine, jouant près de nous et qui bégayait après son père de petites prières.

Ma chère Caroline essayait de sourire à cette enfant; mais toutes ces choses qui la charmaient naguère semblaient en ce moment l'attrister davantage. Elle me dit alors : « Maman, tu sais comme j'aime les enfants » et les fleurs lorsque je me porte bien; » mais il faut bien que je meure, je ne peux » plus respirer. » Puis elle me dicta ses dernières volontés, la destination de sa petite bourse pour les pauvres, de ses vêtements également pour eux, me parla de l'enterre-

ment qu'elle désirait, en me demandant des
des prières et des messes.

Je fis mon possible pour éloigner ces
pensées. Je lui rappelai qu'elle m'avait
toujours dit qu'elle serait mon bâton de
vieillesse ; à cela, elle répondit : « Oh ! oui ;
» mais j'ai demandé tous les jours au bon
» Dieu de mourir avant toi, car, vois-tu,
» j'aurais trop de chagrin de te perdre. » Et
moi, considérant son teint si pâle, ses traits
qui depuis un mois se transformaient, s'é-
puraient pour ainsi dire, son regard qui devenait de plus en plus mystérieux et profond,
je me sentais saisie d'effroi, et, tout en es-
sayant de la rassurer, je priais Dieu menta-
lement avec ardeur de me venir en aide et
de m'épargner la douleur cruelle de voir
mourir mon enfant là sans secours et dans
ce jardin solitaire. Dieu entendit cette prière,
nous pûmes retourner à la maison où elle fit
avec plaisir un petit repas.

Le médecin fut appelé de nouveau, et je
ne vis que trop clairement la gravité de l'état
de ma chère fille. Le pouls donnait cent
soixante pulsations à la minute ; le cœur
semblait vouloir se briser ; ses soubresauts,
ses palpitations se répétaient de la manière
la plus effrayante. Le traitement le plus
énergique fut de suite employé. Ce pauvre
petit ange demeurait calme au milieu de ces
atroces douleurs ; et malgré le rhumatisme
aigu et articulaire qui la faisait de plus af-
freusement souffrir, elle ne se plaignait
jamais.

Dès le second jour de sa maladie, elle me
demanda un crayon et du papier pour com-
poser, me dit-elle, un cantique. Elle fit très
rapidement deux strophes sur le bonheur de
souffrir avec Jésus ; malheureusement, elles
se sont perdues au milieu des soins inces-
sants que sa maladie réclamait. Vers le soir,

elle me dit tout bas à l'oreille : « Je suis bien
» contente, maman ; je viens de dire au bon
» Dieu : si vous voulez me faire souffrir
» davantage, je le veux bien ; si vous voulez
» me guérir, je le veux bien ; que votre
» volonté soit faite ! Tu es bien contente,
» n'est-ce pas, maman? moi je le suis à
» présent. »

Oui, sans doute, j'étais bien consolée par
ces sentiments dignes d'une sainte, alors
même que mon regard ne pouvait se porter
vers cette pauvre petite poitrine si soulevée
par ses palpitations ; car la force m'aurait
manqué pour demeurer là.

Avant que la maladie fût tout à fait dé-
clarée, et qu'on ne la veillait pas encore,
chaque matin je lui demandais de ses nou-
velles. Un matin elle me dit : « O maman, j'ai
» bien cru mourir cette nuit, j'étouffais.....

» J'ai passé la nuit assise. » — « Comment,
» m'écriai-je, et tu ne m'as pas réveillée? »
— « Oh! non, me dit-elle, je sais bien
» qu'une fois éveillée tu ne te rendors plus;
» tu aurais été fatiguée; mais j'ai bien
» cru mourir. Comme la nuit m'a paru
» longue! »

Lorsqu'on songe qu'avec cette maladie de
cœur, on ne peut rester seul sans effroi,
qu'en plein jour même, depuis quelque
temps, elle exigeait qu'il y eût toujours
une de nous près d'elle, on se demande
comment une enfant de cet âge pouvait
avoir le courage de passer des nuits sem-
blables sans éveiller sa mère dans la crainte
de la fatiguer. Eh! quelle force donc la sou-
tenait ainsi?

Pour donner une idée de ses souffrances,
je dois dire que dès le premier jour, on lui

appliqua un vésicatoire sur le cœur ; elle prit
de suite vingt grains de quinine, le lendemain des potions renouvelées sans cesse, les
plus mauvaises, les plus dégoûtantes, et qui
lui inspiraient une répulsion terrible; d'autant
plus que, depuis longtemps, cette chère enfant éprouvait du dégoût presque pour toute
chose. Et je m'en attristais, hélas ! pour
l'avenir. Mais alors, j'employai un moyen
qui m'a toujours réussi près d'elle : « Si tu
» veux prendre ce remède, chère enfant, lui
» disais-je, tu soulageras les âmes du pur-
» gatoire. » Aussitôt elle retrouvait son courage et n'hésitait plus.

Pour le moment de la saignée que le bon
docteur fut forcé de pratiquer à son grand regret, afin de lui donner quelque soulagement,
elle eut bien des appréhensions, croyant,
malgré nos affirmations, qu'il fallait pour
cela lui couper le bras ; mais je répétai ma

formule, aussitôt elle y consentit!« Bien sûr,
» maman; elle sera délivrée? »—« Oui, mon
» cher petit ange. » Elle tendit aussitôt son
bras avec une énergie incroyable, sans la
moindre hésitation.

D'autrefois c'était pour la conversion des
pécheurs qu'elle désirait obtenir et souvent
nominativement. Elle s'unissait sans cesse à
Dieu par des oraisons jaculatoires; jamais
une plainte, ni un murmure; et souvent il
m'arrivait malgré moi de l'en féliciter et de
la proposer pour modèle à ses sœurs. Dans
l'espace de onze jours qu'a duré cette maladie, on lui a appliqué trois vésicatoires
toujours dans la région du cœur, des sang-
sues, une saignée, un emplâtre sur le dos,
des sinapismes continuels; elle a pris en
trois jours soixante grains de quinine, et je ne
saurais dire quel nombre de potions qui ne
produisaient que des effets désolants! C'était
un martyre.

Une fois elle me dit : « Maman, ce que je
» souffre est inexprimable. (Ce sont ses ex-
» pressions.) Tiens, bonne mère, je suis sur
» la croix et je n'ai pas un seul endroit qui ne
» me fasse beaucoup souffrir.» Les larmes lui
venaient aux yeux, pauvre petit ange ! et sur
mon exhortation d'unir ses souffrances à
celles du Sauveur, elle jetait les yeux sur
Jésus agonisant dont un petit tableau se
trouvait auprès de son lit, et je remarquai
que, toujours depuis ce moment, elle n'a
cessé dans les instants les plus pénibles de
se retourner vers Jésus agonisant; jusqu'à
son dernier soupir, son regard l'a cherché...
Un jour, nous l'entendîmes répéter à demi-
voix ces paroles qu'elle semblait s'adresser à
elle-même : « Et moi aussi je boirai le calice
» jusqu'à la lie!..... »

Nous faisions le mois de Marie dans sa
chambre. Le premier jour de sa maladie, le

6, au soir, je tombai providentiellement sur
cette lecture dans *l'Imitation de la très
sainte Vierge,* chapitre quatrième du troi-
sième livre : « Que Dieu réserve quelque
» fois les plus grandes souffrances à ses
» plus fidèles serviteurs. » Cette lecture fut
pour moi comme un glaive, et l'avertisse-
ment de la mort prochaine de cette enfant si
chère sembla m'être donné ; mais je ne voulais pas y croire. Son père fut forcé de sortir
de la chambre ; il ne put entendre cette lecture, qui semblait se revêtir d'accents pro-
phétiques. Ma petite Caroline, elle, au
contraire, en fut très consolée et très heureuse. Les souffrances représentées comme
des faveurs célestes de l'époux divin la com-
blaient de joie. « O maman, c'est la sainte
» Vierge qui t'a fait tomber sur ce chapitre;
» il est exprès pour nous; il nous console bien.
» C'est donc bien vrai que le bon Dieu nous
» éprouve parce qu'il nous aime ? » Elle s'é-

tendit longuement sur cette pensée ; le lendemain encore, et pendant plusieurs jours elle aimait à se la rappeler.

Ma chère petite fille laissait son jeune cœur tour à tour parler le langage d'une enfant et celui d'une sainte. Rien de plus naïf et de plus candide que ce qu'elle me disait au sujet d'une belle poupée que nous lui avions donnée au début de sa maladie. Sa grande occupation près d'elle était de la faire mettre à genoux, de lui croiser les mains et de faire couler entre ses doigts un petit chapelet qu'elle récitait à demi elle-même ; mais aussi rien de plus relevé et de plus édifiant que ses aspirations et son amour vers Dieu. Elle ne s'est séparée de sa poupée que lorsqu'il a été question de lui faire faire sa première communion, et depuis lors elle cessa de la voir avec plaisir.

CHAPITRE VII.

PREMIÈRE COMMUNION.

> *Ecce panis angelorum.*
> Voici le pain des Anges.
> *Office St-Sacrement.*

Mais il est temps de parler de ce beau jour que Caroline attendait avec tant d'impatience et depuis si longtemps.

Dans la nuit qui l'a précédé, cette chère enfant n'eut pas une seconde de repos, ni de position tranquille. Pauvre petit ange! elle

5*

soupirait après ce moment avec ardeur. Les jours de fête, elle pleurait de regret, me disait-elle, en voyant les plus grandes élèves s'agenouiller à la Sainte Table, et pour essayer de se consoler elle faisait la communion spirituelle. A chaque nouvelle fête, les mêmes regrets m'étaient manifestés.

Vers le matin de cette nuit si terrible d'angoisses et de souffrances, elle me dit : « Que » je serais heureuse, bonne mère, de com- » munier ! » Je saisis vite cette parole pour l'engager à le faire ce jour même. Mais elle ne voulait pas y consentir. Sa conscience si délicate s'y refusait : « Il faut y être mieux » préparée, disait-elle; il faut plusieurs jours » de retraite ; je ne peux pas assez prier. » Cependant je puis affirmer que son âme était à peu près constamment unie à Dieu par des oraisons jaculatoires ; elle en avait l'heureuse habitude, même en santé, et souvent elle me poursuivait de ses instances pour m'en apprendre auxquelles étaient attachées un certain nombre d'indulgences. Je me rappelle entre autres la dernière qu'elle aimait tant à redire : Que le cœur de Jésus et le cœur immaculé de Marie soient honorés, loués, bénis, aimés à jamais ! « Soixante jours d'in-

» dulgence, maman, me disait-elle ; ap-

» prends-la, maman; je la récite, moi, toute

» la journée. »

Mais je reviens à mon sujet. Je la rassurai en lui affirmant que ses souffrances acceptées sans murmures, avec la résignation, comme elle le faisait, étaient la meilleure préparation, et je la décidai à peu près. Le désir de recevoir son Dieu et la crainte de ne pas être assez préparée se combattaient en elle.

J'envoyai secrètement avertir la supé-

rieure qui l'aimait tant. Cette bonne Mère,
qui depuis quatre ans n'était sortie de sa
communauté qu'une seule fois, eut la bonté
de la visiter plusieurs fois le jour. Informée
du désir de ma chère enfant, elle n'eut que
quelques paroles à ajouter aux miennes pour
la déterminer.

En ce moment, le prêtre qui avait toute sa
confiance, entrait pour me prévenir qu'il
fallait absolument me décider à lui faire faire
sa première communion ; il ignorait ce qui
venait de se passer. Aussitôt toutes ses
craintes s'évanouirent ; et c'est alors qu'un
spectacle vraiment digne du ciel s'est offert
à nos regards. Ce souvenir vient à moi pour
ranimer mon courage quand je le sens dé-
faillir.

Nous étions au lundi, onze, fête de sainte
Catherine de Sienne. Quelques instants suf-

firent pour préparer cette jeune âme déjà si
embrasée d'amour. Les gémissements pro-
voqués par la douleur cessèrent; elle se re-
dressa seule pour prendre une position tranquille, elle qui depuis si longtemps n'en pouvait trouver une, et qui toute la nuit
précédente avait été soutenue à demi hors
du lit sans pouvoir se laisser redresser, ni se
poser sur l'oreiller, l'avant-corps retenu par
mes deux mains ouvertes. Que de souffrances inouïes! Que de douleurs inénarrables,
chère petite martyre!... Elle me prit par le
cou pour m'embrasser, et ce fut avec des
sanglots qu'elle me pria de lui pardonner les
peines que, disait-elle, elle m'avait causées.
J'avais tout lieu de la rassurer, car jamais
enfant n'aima plus sa mère et jamais mère
ne reçut de sa fille plus de caresses et de témoignages d'affection.

Chaque soir, après m'avoir embrassée,

elle me prenait la main pour la presser sur
ses lèvres, et la retenant le plus possible :
« Oh ! disait-elle, avec ses expressions les
» plus amicales, si du moins je pouvais
» garder cette chère main, il me semble,
» bonne mère, que je serais tout-à-fait heu-
» reuse. »

Et quand j'avais à lui reprocher, toute
enfant, de tarder à obéir ou de murmurer un
peu, et que, voulant la punir, je voulais le
soir refuser de l'embrasser, il ne m'a jamais
été possible de tenir à mes promesses ; elle
se levait par le plus grand froid, se jetait à
genoux, me demandait bien des fois pardon
en versant des larmes, et préférait tout faire
et tout souffrir, me disait-elle, plutôt que
d'être privée du baiser de sa mère.

Pardonnez, ô mon Dieu, si j'interromps
un instant le récit des merveilles de grâces

que vous opérâtes au moment de vous donner
à ma bien-aimée fille, pour me rappeler le
trésor de tendresse que vous-même aviez dé-
posé dans le cœur de cette enfant pour sa
pauvre mère !

En se détachant de mon cou, elle me demanda ma bénédiction, me pria d'appeler son
père, lui demanda aussi pardon et sa bénédiction ; puis chacune de ses sœurs, à qui elle
dit les choses les plus touchantes d'édification et de bonnes résolutions pour
l'avenir ; mais, se rappelant son frère absent,
elle versa quelques larmes : « Mon frère !
» mon frère ! lui seul manque ici... » Ensuite s'abandonnant complètement au bonheur que Jésus lui prodiguait à l'avance, elle
exprima à haute voix les sentiments de son
cœur, puis retrouva des sanglots amers en
me disant : « Maman, que j'ai de la peine
» d'avoir offensé le bon Dieu ! il est si bon ! »

Et ces paroles étaient entrecoupées par la
douleur et par les larmes! Cependant, cette
chère enfant avait, j'en ai la conviction la
plus intime, conservé son innocence baptis-
male; elle me laissait lire dans son âme
comme dans un livre ouvert, et toutes les
légères fautes de sa vie m'avaient été con-
fiées par elle à l'occasion de sa confession gé-
nérale. Aussi, lui disais-je, avec une conviction profonde : « Il t'a pardonné, mon ange
» chéri, il vient lui-même pour te le té-
» moigner. Tu l'appelles et il n'attendait que
» ta permission pour te visiter. » Et alors
cette chère petite âme s'abandonnait toute
entière au bonheur du ciel.

Ce fut dans ces saintes dispositions qu'elle
reçut le pain des Anges!.....

Après quelques instants de recueillement
profond elle eut des élancements d'amour :

» Oh ! quel bonheur pur ! quel bonheur pur!
» je voudrais mourir!..... » Son regard
rayonnait et sa physionomie en fut transformée ; ses mains jointes, ses yeux élevés au
ciel, ses paroles enflammées, son sourire,
rien de tout cela n'appartenait à la terre. Au
milieu de cette béatitude des cieux, les
assistants éclataient en sanglots, mais elle ne
s'apercevait de rien de ce qui se passait autour d'elle. Oh! non, je n'oublierai jamais un
tel spectacle; il semblait que le ciel s'était
ouvert pour nous. Nous croyions, à chaque
instant, la voir prendre son essor vers les
cieux! Sa beauté devait tenir de celle du
Séraphin qui s'embrase éternellement d'a-
mour et dont le regard demeure perpétuelle-
ment fixé sur la splendeur divine et immortelle. Cette beauté toujours ancienne et toujours nouvelle, selon le langage de saint
Augustin, inonde son âme en la satisfaisant
sans jamais la rassasier. Puis ces demi-san-

glots de bonheur, demi-éclats, je ne sais
comment rendre ni par quelle expression
raconter ces sons de bonheur qui sortaient
constamment de ses lèvres entr'ouvertes et
ce regard fixé sur le ciel, ravissaient et péné-
traient les heureux témoins qui se sentaient
en présence d'un miracle. Nous la voyions
aussi se soulever de sa couche, malgré ses
mains jointes et sa faiblesse, comme attirée
d'en haut. Mais tout cela ne peut se traduire
que trop faiblement. Le langage de la terre
ne saurait raconter les opérations divines, et
je sens que je ne fais que balbutier, en de-
meurant bien au-dessous de la vérité.

Ce pieux ami, ce saint prêtre qui l'avait
dirigée, fondait en larmes sans pouvoir pro-
noncer une seule parole; la bonne supérieure
avec moi au chevet de son lit versait également un torrent de pleurs, et l'aumônier,
aussi plein de bontés et de dévouement pour

elle, et non moins ému, disait en sortant :
« Il m'a été donné de voir un ange en ravis-
» sement devant Dieu. » C'était bien cela
en effet et ce spectacle a duré, je crois, une
heure entière.

Je recommandai un peu plus tard, à cette
chère enfant, différentes intentions, des con-
versions, des grâces particulières, etc., etc.
Mais d'elle-même appelant son père : « Papa,
» j'ai bien prié pour tous les parents
» morts. » (Sa famille s'était éteinte en
grande partie et rapidement.) « J'ai prié
» pour tout le monde, pour tous les pé-
» cheurs.. Maman, est-ce trop ? j'ai demandé
» qu'ils se convertissent tous, j'ai prié pour
» mes ennemis ; » et me nommant une personne qui lui avait fait subir une humiliation
publique et imméritée, elle ajouta : « J'ai prié
» pour elle : elle va bien avoir du chagrin
» de m'avoir fait souffrir, quand elle me saura

» aussi malade. J'ai prié pour tout le monde
» et j'ai oublié de prier pour moi. »

Sur cette réflexion elle se replongea dans
la prière et ne s'en laissa plus distraire. Aux
personnes qui entraient dans sa chambre,
elle marquait par signes son bonheur, mais
sans parler, en relevant ses petites mains
jointes, qu'elle pressait contre sa poitrine,
en levant les yeux au ciel, en laissant voir
ce sourire céleste qui errait sur ses lèvres.

Le reste de la journée, ces mots revinrent
bien des fois : « Quel bonheur pur ! quel
» bonheur pur ! Je voulais demander au bon
» Dieu de mourir, je ne l'ai pas fait à cause
» de toi, maman. » Et ici, et avant, elle me
parla de choses intimes que Dieu seul pouvait
lui communiquer : « Ah ! je comprends,
» maman, que tu aimes à communier, je le
» ferai avec toi, souvent, bien souvent. Oh !
» quel bonheur !... »

L'après-midi de ce beau jour, comme je lui exprimais mon étonnement pour la santé qu'elle avait semblé recouvrer tout le temps de la sainte cérémonie, de la préparation et de l'action de grâces, quoique son cœur animé d'émotions aussi fortes me fît craindre qu'il n'en brisât les vaisseaux : « Tu ne » souffrais donc plus, mon petit ange ? » — « Oh ! non, maman, j'étais trop heureuse, » j'avais tout oublié!... Oh ! quel bonheur » pur ! je ne l'oublierai jamais. Il s'est » opéré en moi un grand changement, » ajouta-t-elle; je veux devenir une sainte » et c'est très difficile. » Cela fut dit avec une expression de gravité et de sentiment ineffable.

Il ne m'était plus possible d'approcher ma fille qu'avec vénération et ce sentiment je l'ai conservé jusqu'à la fin. La supérieure des sœurs de l'Espérance, qui ne vint la soi-

gner que plus tard éprouva le même effet ;
c'était ce sentiment de vénération qui l'a le
plus dominée, me dit-elle, après la mort de
ma bien-aimée fille, et cependant elle n'avait
pas assisté à sa première communion ! Elle
l'écrivit à sa supérieure de la Rochelle, qui
m'exprima tous ses regrets de n'avoir pas
reçu à temps cette lettre : « J'aurais tout
» quitté, disait-elle, pour avoir le bonheur
» de veiller cet ange. »

Tout ce jour, ma chère enfant, fut rem-
plie de consolations, mais elle regrettait cependant de ne plus sentir aussi sensiblement la
divine présence. «Quel dommage, maman! je
» ne sens plus ce bonheur si vif de ce matin. »
— « Le bon Dieu, lui disais-je, t'a montré un
» petit coin du ciel, il a voulu te faire com-
» prendre le bonheur qu'on y goûte ; mais
» sur la terre il faut souffrir, et le paradis
» n'est pas ici-bas. » Elle comprenait, et ré-

pétait de nouveau : « Ah ! quel bonheur pur!
» je ne l'oublierai jamais. » Et moi, sa
mère, je ne saurais non plus l'oublier.

Elle nous pria d'envoyer de sa part un
grand gâteau bénit pour celles de ses jeunes
compagnes qui, cette année-là, devaient par-
ticiper au même banquet.

Son père s'empressa de la satisfaire et fit
inscrire sur le gâteau ces simples paroles :
» Caroline à ses petites amies. » Ce fut pour
elle une joie réelle. Le lendemain elle reçut
cette réponse de ses jeunes compagnes :

« Chère petite Caroline,

» Que vous êtes heureuse, chère petite
» sœur, d'avoir reçu le bon Jésus ! Nous
» nous sommes unies à vous pendant ce
» doux moment, et nous avons prié afin que

» le divin Maître adoucît vos souffrances et
» vous rendît la santé; car nous serions
» toutes contentes de vous voir nous accom-
» pagner à la Sainte Table. Et c'est encore
» pour cela que nous avons fait dire la
» messe ce matin. Nous vous remercions
» du pain bénit que vous nous avez envoyé.
» Agréez à votre tour toutes nos gravures,
» petits souvenirs qui vous rediront que nous
» ne saurions vous oublier.

» Nous vous embrassons de tout notre
» cœur.

» Vos petites amies de première
» communion.

» *** »

Deux de ses compagnes purent pénétrer
jusqu'à ma chère fille. Aussitôt elle leur
tendit la main, s'informa avec aisance et en
souriant de leur santé et de ce qui pouvait
leur être de quelque intérêt. L'une d'entre

elle lui fit la remarque suivante : « Mais c'est
» de vous, qui êtes si souffrante, qu'il faut
» s'occuper. » Elle sourit de nouveau, cherchant à s'effacer encore, et lui parla de la
bonté de la supérieure et des élèves que de
son côté elle était loin d'oublier.

Cette enfant était très aimée de ma petite
Caroline ; avant d'arriver près de son lit,
elle faisait entendre des sanglots de la chambre voisine. Je fus obligée de quitter ma
chère malade pour prier sa jeune amie de
maîtriser sa douleur et de la cacher à ma
fille que la moindre émotion brisait.

Elle recevait chaque jour des témoignages
d'amitié de la supérieure et des élèves : bou-
quets, images, lettres, jouets et primeurs ;
tout lui était cher, et elle aimait à voir sur
son lit tous ces charmants témoignages de
souvenir et d'affection.

Vers le soir, elle demanda au médecin,
si elle pouvait recevoir l'extrême-Onction :
« Assurément, ma chère enfant, lui fut-il
» répondu, ce sont des grâces, et les grâces
» ne peuvent que faire du bien. » Mais on
remit à un peu plus tard cette touchante cérémonie, et comme dans la nuit les souffrances
reprirent leur intensité, elle me dit : « Ma-
» man, parle-moi de ma première commu-
» nion, pour me consoler, pour me faire du
» bien ; j'oublie mon mal quand tu m'en
» parles : » Chaque fois que je lui rappelais
ce doux souvenir, je voyais ses traits s'ani-
mer et un sourire sur ses lèvres. « Merci,
» me disait-elle, avec expression. Oh ! c'est
» vrai..., cela me fait du bien ; oh ! oui,
» parle-m'en souvent, bien souvent. » Elle-
même me le rappela bien des fois depuis,
quand il m'arrivait de l'oublier.

CHAPITRE VIII.

LES DERNIERS JOURS.

Veni, coronaberis.
Venez, vous allez recevoir la couronne.
                              Cant. 4, 8.

———∞∞∞∞———

La dernière nuit de ma chère Caroline fut très mauvaise ; elle n'eut pas un instant de repos ; ce fut, pour ainsi dire, une agonie permanente. Vers le matin, je priai son père d'aller à la hâte chercher un prêtre, pour lui administrer l'Extrême-Onction, qu'elle reçut avec la plus grande piété en ré-

pétant tout bas les prières que lui suggérait
le pieux ecclésiastique, qu'elle affectionnait
beaucoup, et sur lequel, après son départ,
elle me fit les appréciations les plus justes et
les mieux senties. Elle parut mieux tout ce
jour ; je la croyais sauvée ! mais Dieu demandait le sacrifice complet, et, grâce à son
secours tout puissant, j'ai pu l'accomplir
sans murmurer. Qu'il en soit à jamais
béni!.....

Depuis qu'elle avait goûté le pain des
Anges, elle ne cessait d'insister pour le recevoir de nouveau.

« Je t'en prie, me disait-elle, avec une
» intonation de voix si touchante que, ne
» pouvant la satisfaire, j'en avais l'âme na-
» vrée; demande qu'on m'apporte encore le
» bon Dieu, tous les jours, s'il est possible,
» puisque j'ai fait ma première communion,

» je peux bien communier de nouveau. »
Prévoyant un refus, je n'osais en parler au
prêtre, qui, malgré son dévouement et sa
bonne volonté, n'eût pu surmonter les difficultés contre l'usage établi partout. Cependant, vaincue par ses touchantes instances
si souvent répétées, je parlai devant elle de
son pieux désir. On me fit comprendre les
obstacles auxquels je m'attendais. Ma chère
enfant, ne pouvant se décider à renoncer à
ce bonheur, recommença ses supplications
après le départ du bon ecclésiastique. Je
promis qu'à sa première visite, je lui en par-
lerais de nouveau.

Je le priai de vouloir bien fixer un jour,
afin de la consoler, ce qu'il fit pour le lundi
suivant, prévoyant que ce pauvre ange n'aurait pas vécu jusque-là. Elle mourut la
veille.

Tout le clergé de la paroisse et spécialement deux ecclésiastiques avaient la charité
de lui faire plusieurs visites par jour. Elle
aimait de prédilection tous ceux que Dieu a
choisis, et la sainteté avait toutes ses préfé-
rences. Un jour que les médecins recomman-
daient expressément de ne laisser pénétrer
personne jusqu'à elle : « Excepté les prêtres
» et les bonnes sœurs, » s'empressa-t-elle
de leur dire. Je répète sa petite phrase dans
toute sa simplicité.

La pureté avait tous ses attraits, et souvent
elle nous avait étonnés par ses alarmes quand
son père entrait tout à coup et que sa petite
toilette n'était pas complètement terminée ;
nos observations ne pouvaient diminuer son
agitation et ses frayeurs, lorsqu'elle ne pouvait fuir assez tôt à son gré. Ces petites scènes
se renouvelaient souvent et devenaient,
pour cette chère enfant, de vrais supplices

Elle ne souffrait pas non plus qu'on blâ-
mât personne en sa présence, et trouvait
toujours une excuse à alléguer en faveur de
la personne attaquée, quoiqu'il ne fut question que d'un ridicule ou d'une manie.

Les premiers jours de la maladie, je lui
faisais, pour la distraire, de longues lectures
édifiantes et récréatives tout à la fois. A un
trait de miséricorde divine que citait l'auteur,
ma chère enfant s'écria : « Oh ! écoute, ma-
» man, c'est trop bon ! » Mais cela fut dit
d'un air si pénétré, si senti, qu'on en ressentait le contre-coup.

Une de ses sœurs lisait devant elle un trait
puisé dans un livre édifiant. On représentait Notre-Seigneur offrant à une âme pieuse,
d'une main la croix et la couronne d'épines,
et de l'autre une union assortie que désirait
son cœur. « Ah ! dit cette chère enfant

» spontanément, il n'y avait pas à balancer ;
» la croix et la couronne d'épines ! » Et
comme on lui représentait que Notre-Seigneur voulait bien l'une et l'autre, puisqu'il la
laissait libre : « N'importe ! n'importe ! ré-
» pétait-elle, la croix et la couronne d'épines,
» je ne balancerais pas, moi!... » Et ce fut
dit dans un moment d'inénarrables douleurs,
au milieu de tortures indicibles qu'on ne
peut se figurer. Ce choix des épines et de la
croix semblait un écho mystérieux du Jardin
des Olives et du Calvaire. Chère enfant ! quel
exemple tu nous donnais là !.....

Trois ou quatre jours avant sa mort, elle
voulut écrire à sa marraine, et voici la teneur
exacte de sa lettre que j'interrompis à son
grand regret et trop tôt pour notre édification, craignant de la fatiguer :

« Ma chère marraine,

» Je suis bien souffrante ; mais c'est égal.
» Je suis bien reconnaissante des bonnes
» prières que tu as faites avec toute la fa-
» mille à la Grotte pour moi, cela m'a fait
» grand bien et je te prie de continuer la
» neuvaine. Si tu savais quelle grâce j'ai
» reçue lundi ! J'ai eu le bonheur de recevoir
» le grand médecin ; je ne t'ai pas oubliée
» dans ce moment si doux, ni bonne maman,
» ni mes tantes, ni mes cousines et mes cou-
» sins. J'aurais voulu que ce bonheur si pur
» durât toujours ; mais le bon Dieu ne fait
» pas durer toujours le paradis sur la terre ;
» il a fallu me résigner à le voir s'évanouir ;
» mais au moins j'en ai gardé le souvenir si
» précieux ; cette pensée me ranime dans
» mes souffrances.

» Adieu, ma chère marraine, je t'em-
» brasse de tout mon cœur.

» Ta filleule, Caroline de K.....»

Le vendredi qui a précédé sa mort, les médecins exigèrent qu'elle prît très fréquemment du bouillon gras ; elle en avait un profond dégoût ; mais la pensée de venir en aide aux pauvres âmes souffrantes, aux pécheurs, l'aida comme d'ordinaire, et de demi-heure en demi-heure, elle en prit pendant une grande partie de la journée. C'est ainsi qu'elle avait agi également quand il lui fallait, après les vomitifs, boire de grands bols d'eau tiède ; soutenue toujours par sa charité, elle reprenait avec une énergie surprenante le bol elle-même, après chaque nausée. Je lui dis alors : « Voilà ma petite » fille qui a grande envie de se guérir ; » elle aussitôt répliqua : « et surtout de plaire à sa » mère ! » Puis les craintes de sa petite conscience se réveillèrent. « Oh ! c'est ven- » dredi, je n'y pensais pas. A-t-on bien » demandé la permission ? »

Les derniers jours, après la saignée, ma

chère fille eut encore de plus à subir une
maladie nerveuse. Dieu le permit dans sa
bonté pour l'humilier sans doute. Les médecins la comparaient à une sensitive, et en
effet elle se repliait sur elle-même comme
la fleur, chaque fois qu'il leur fallait l'approcher ; elle éprouvait encore des émotions
pénibles à la vue de chaque nouvelle personne qui entrait dans l'appartement ; l'air
lui manquait encore davantage, lui semblait-
il. Cette chère enfant s'humiliait profondément à chaque nouvelle agacerie de nerfs
qu'elle subissait ; je la voyais aussitôt fermer
les yeux, s'incliner, et son petit air contristé,
son silence m'indiquaient qu'elle sollicitait
immédiatement son pardon.

Une fois, elle crut avoir parlé vivement à
la sœur de l'Espérance et à moi ; aussitôt se
tournant vers nous d'un air doux et peiné,
elle exprima son repentir : « Maman, peut-

» être t'ai-je dit des choses blessantes et à
» vous aussi, ma sœur. Ce n'est pas moi,
» j'en serais bien fâchée, oh! oui, bien fâ-
» chée; c'est la maladie, mais pas moi. »

Au milieu de l'admiration et de la sympathie universelle qu'elle excitait, la bonté
prévoyante de Dieu permit sans doute ces
petites humiliations, pour la préserver des
atteintes de l'amour-propre.

Une personne venue pour me seconder, les
derniers jours de sa maladie, s'informa près
d'elle, devant moi, si elle connaissait un ecclésiastique (celui-ci l'avait dirigée deux ans);
sur notre réponse affirmative elle ajouta avec
simplicité : « Que je suis heureuse de venir
» vous soigner! il m'a dit que vous étiez
» une petite sainte. » — « Il se trompe
» bien,» répondit-elle, en accompagnant sa
réponse d'un petit mouvement de tête néga-

tif et d'un air peiné. Je m'empressai de
dire pour atténuer le coup, qu'elle l'avait été
le jour de sa première communion, qu'elle
avait reçu le Saint des saints et qu'il sancti-
fiait l'âme qu'il visitait.

Cependant l'heure de la longue et cruelle
agonie avançait à grand pas...Je lui faisais fréquemment avec de l'eau bénite une croix sur
le front ; elle en était heureuse et reconnaissante, et me priait souvent de la répéter ; elle embrassait son crucifix indulgen-
cié, son scapulaire, sa médaille. Je lui disais
souvent les saints noms de Jésus et de
Marie : « Et Joseph ! » ajoutait-elle chaque
fois qu'il m'arrivait d'omettre le nom de ce
cher protecteur. Elle m'avait exprimé d'avoir
sur son lit les statues de la très sainte Vierge
et de S. Joseph. Avant sa maladie, elle avait
de petites statuettes qui ne la quittaient
jamais, et, vers le soir, si par malheur un

de ces chers objets s'égarait, elle n'avait de
repos qu'après l'avoir trouvé. Plusieurs crucifix furent par elle détachés de la croix, à
force d'en faire usage...

Les angoisses, les anxiétés de cette heure
suprême se succédaient ; la sueur froide et
glacée de la mort a duré vingt-quatre heures
au moins ! Ses petites mains qu'elle joignait
autour de la sœur et de moi pour se soulever un peu ne pouvaient plus se séparer ;
elle me priait de lui rendre ce service, mais
sans se plaindre.

Cette sueur glacée tombait de son front
sur ses mains ; elle me demandait d'où venait
cette eau et ajoutait : « Vois, bonne mère,
» comme mes cheveux sont trempés ! » Et
comme je lui disais : « O mon ange chéri,
» comme tu souffres ! Tu es une vraie mar-
» tyre ! » — « Tout pour le bon Jésus ! » répli-
quait-elle en souriant.

Elle eut le hoquet toute la nuit : la respiration lui manquait toujours. Dans cette douloureuse situation il lui survint un petit caprice qui me navra le cœur et que je ne pus satisfaire : « Ma bonne mère, je t'en prie, » me dit-elle, berce-moi comme tu le faisais quand j'étais petite, et chante-moi les » chansons d'autrefois. » Sa tête était posée sur ma poitrine; je réussis bien à lui donner le balancement du berceau, mais les chants arrivaient en sanglots et je fus obliger d'alléguer ma fatigue pour éviter de lui montrer ma douleur dont elle-même eût été accablée.

Elle eut dans le courant de la nuit des hallucinations ; cette chère enfant me dit en souriant : « Oh ! regarde donc, bonne mère, » cet homme noir qui me fait des grimaces : » il est plus loin que le pied de mon lit. » Je lui dis : « Ne le regarde pas, mon petit » ange; fais ton signe de croix. » Puis j'usais

de l'eau bénite. A plusieurs reprises, elle me
fit cette observation : « Le voilà encore,
» maman, » mais c'était sans crainte et le
sourire sur les lèvres ; enfin il ne reparut plus.

Elle ne pouvait plus supporter la moindre
lueur et me fit même fermer les épais ri-
deaux de l'alcôve. Elle voulait être seule
avec moi et se montrait satisfaite de ma seule
présence, et je croyais à chaque instant que
dans cette obscurité profonde tout allait finir
dans une défaillance, sans que je pusse même
en connaître le moment.....

Aux services que je m'efforçais de lui rendre, ses expressions pleines de tendresse
témoignaient de sa reconnaissance. Vers le
matin, d'autres hallucinations se répétèrent :
entre autres elle croyait voir de petits enfants pauvres et dignes de pitié. Elle pria
une de ses sœurs de leur donner quelque

monnaie de sa petite bourse; mais, comme
le nombre s'accroissait énormément et que
cette chère enfant conservait sa pleine li-
berté d'esprit, elle comprit que cela ne pouvait être, et ne pouvant s'en rendre compte,
elle hocha tristement la tête et regarda de
nouveau son Jésus agonisant.

La statue de saint Joseph se trouvait très
près d'elle, celle de la sainte Vierge un peu
plus bas pour qu'elle pût la voir sans détourner la tête ; elle appuyait, en allongeant
le bras sa petite main sur l'épaule de saint
Joseph très fréquemment. Je lui faisais pro-
noncer les saints noms de Jésus, Marie, Joseph, invoquer son bon ange, ses saints
patrons, faire des actes d'abandon et de soumission à la volonté divine.

Dans le courant de la matinée, elle me
pria de parler plus haut : « Je n'entends
» plus, je ne vois presque plus, » disait-elle.

Cependant la supérieure des sœurs de l'Espérance lui donna à choisir sur une grande
quantité d'images, ce qui lui fit un sensible
plaisir. Elle en tria de sa main défaillante
quelques-unes en me priant de prendre celle
qui me plairait le plus. J'en indiquai une
qui représentait le petit Jésus pressant sur
sa poitrine une petite colombe. Elle la mit
dans sa papeterie, puis me dit encore qu'elle
ne pouvait presque plus parler. Chaque mot,
en effet, était articulé péniblement et entre-
coupé. « Je ne peux presque plus parler,
» nous dit-elle, cependant ce que j'ai à dire
» est utile : ma sœur, sans m'en apercevoir,
» j'ai pris deux images au lieu d'une, mais
» sans m'en apercevoir; elles sont dans ma
» papeterie. Vous voyez que c'est utile.»

La sœur lui assura qu'elle lui en donnait
autant qu'elle le désirait. La chère enfant n'en
avait pris qu'une; son imagination l'avait

trompée. « Alors, nous dit-elle, je n'ai plus
» qu'à dormir. » Puis, s'apercevant qu'elle
manquait peut être à la politesse, elle se retourna vers la sœur, et s'inclinant elle lui dit
avec un sourire : « Et à vous remercier ma
» sœur. »

La voix lui revint encore plus facile ; elle
me pria d'appeler son père qui se tenait toujours dans la chambre voisine, avec nos
autres enfants : « Dis à papa de venir m'en-
» brasser. » Son père arriva en retenant
ses sanglots : « Embrasse-moi, papa..... en-
» core de l'autre côté. » Puis à chacune de
ses sœurs, ce qu'elle fit avec la plus grande
affection, puis elle leur dit en souriant :
» Au revoir ! » en y ajoutant un petit signe
de la main et continuant de leur envoyer,
pendant quelques instants, des baisers continuels.

Ensuite, ma chère fille m'exprima sa tendresse dans les termes les plus affectueux ;
elle voulut me prendre la main pour la porter à ses lèvres, mais ses forces venant à lui
manquer, ce cher petit ange pleura de ne
pouvoir plus me témoigner, comme elle le
désirait, sa tendresse, et, au milieu des plus
tendres épanchements, elle me disait : « O
» mère chérie, mère chérie, que je t'aime !
» mais je n'ai plus la force de t'embrasser
» comme je le voudrais... O bonne mère,
» va-t-en, cela me fait trop de mal. »

Pour consoler ma bien-aimée fille, je lui
dis que chaque fois qu'elle passerait sa main
sur mon visage, je comprendrais ce qu'elle
voudrais me dire ; et depuis cet instant sa
petite main toute glacée parcourait sans cesse
mon front..... Elle se défendait, quand je
voulais lui baiser la main. « Non, non, di-
» sait-elle, pas la mienne, mais la tienne.

» Ah! donne la tienne. » O cher ange, j'aurais voulu pouvoir poser mes lèvres sur sa
poitrine, tabernacle de l'Esprit-Saint.

Plusieurs personnes désiraient pénétrer
jusqu'à elle pour la voir ; jusque-là je n'avais
pas voulu y consentir ; elle-même s'y oppo-
sait, mais un peu avant de mourir, elle me
dit : « Laisse entrer tout le monde, il ne faut
» faire de peine à personne. »

Quelques instants encore et toutes ces
tortures allaient finir. Elle nous dit qu'elle
allait dormir. Une mère s'abuse tant, que je
pensais encore qu'elle pouvait m'être rendue ! Elle me pria de me reposer et de dormir un peu, m'assurant qu'elle allait le faire
elle-même ; je le crus et me mis sur mon lit
placé près du sien. Ce cher petit ange me
disait toujours : « Dors, maman, repose-toi ; »
et à ses sœurs, à une amie, à la sœur de

l'Espérance, qui essayaient de la changer un
peu de position, et qu'elle appelait d'un signe
et tout bas, avec la plus grande politesse :
« Laissez maman dormir, ne l'éveillez pas ;
» voulez-vous, s'il vous plaît, que j'essaie
» de me soulever en passant les bras autour
» de votre cou? »

Enfin, elle prit une position tranquille, et
sembla dormir. Je la contemplai.

Tout à coup je la vis se retourner lentement pour me regarder. Ce regard je le vois
partout! Qu'il contenait d'expression !....
Puis elle se retourna peu à peu. L'ecclésiastique qui l'avait administrée, qui avait demandé à la très sainte Vierge la grâce de recevoir son dernier soupir, qui avait eu la
charité de passer la nuit précédente toute entière dans l'appartement voisin, et qui nous
a prodigué si complètement tout le dévoue-

ment de son cœur sacerdotal, entra dans la chambre et nous demanda s'il y avait long-temps qu'elle était ainsi, en nous faisant signe qu'elle était au dernier moment ; il eut le temps de dire : « Saints anges, venez la re-» cevoir ; » et moi de l'embrasser, de lui placer le crucifix sur les lèvres, de lui dire quelques paroles qu'une mère trouve toujours dans le fond de son cœur, et, sans secousses, dans un profond soupir, elle rendit au Dieu qu'elle avait tant aimé son âme embellie par un martyre ineffable.

C'était vers deux heures et demie de l'après-midi, le dimanche 17 mai 1863.

Je lui fermai les yeux, la revêtis pour la dernière fois..... et contemplai un instant avec admiration son visage tellement parfait de traits et de contour, que le peintre le plus habile n'aurait pu, avec son pinceau d'artiste, en reproduire la beauté. Il est vrai que l'artiste qui opérait en ce moment n'avait qu'à vouloir.....

Puis le moment du brisement complet pour le cœur et pour l'âme de la mère étant venu je m'éloignai quelques instants.....

Le pasteur de la paroisse, usant de toute son autorité, exigea que je quittasse la chambre de ma bien-aimée. Je me dirigeai de nouveau vers elle pour l'embrasser encore avec l'intention de revenir bientôt. Hélas! je ne l'ai pu; toutes ces douleurs inénarrables m'avaient broyée, et je fus privée de cette force surhumaine que Dieu met en réserve pour sa faible créature dans de telles épreuves.

CHAPITRE IX.

CONSOLATIONS DU CIEL ET DE LA TERRE.

Astitit mihi hac nocte angelus Dei.

Cette nuit même l'Ange de Dieu
s'est montré près de moi.
Act. 27, 23.

—⊸⊶⊕⊷⊶—

Ajoutons cependant, pour rendre grâces à
Dieu et l'en bénir, qu'après avoir payé ce
tribut de douleur à la nature, j'éprouvai dans
l'âme des consolations ineffables, telles que,
ne pouvant me les expliquer humainement,
je me demandais : Mais n'ai-je donc pas
perdu ma fille et assistai-je à ses fiançailles ?

Ces sentiments de dilatation intime, d'allé-
gement indicible, qui, par moment, nous
tombaient sur l'âme comme une fraîche et
céleste rosée, étaient partagés par son père
et par ses sœurs, et en famille nous nous
en entretenions souvent. Il nous semblait
assister à son triomphe. Les scènes si consolantes de sa première communion, ses
exemples admirables étaient encore si près
de nous !... Je sais que plusieurs fois j'ai dit
à Dieu : « Mon Dieu, je ne crains plus
» l'épreuve, votre force me soutient!... »
Hélas ! le poids de l'exil est revenu avec les
regrets et les douleurs ; mais que notre Dieu
est bon de vouloir, dans ces ineffables angoisses, faire sentir sa bien-aimée présence
et la puissance de ses consolations !...

..... En me dirigeant vers cette enfant si
chère, je remarquai qu'un autre genre de
beauté avait succédé à la première. Déjà ce

n'était plus ma fille, mais la ressemblance parfaite de ces vierges dont on retrouve les tableaux dans nos églises. Ses yeux levés au ciel, le sourire céleste qui s'imprégnait de de plus en plus sur son visage béatifié, malgré la trace encore récente de tant de supplices qu'elle venait de subir, frappaient d'étonnement toute sa famille et les derniers visiteurs.

On fit toucher à sa chère dépouille des chapelets et des médailles.

Ce fut le prêtre, ce pieux ami, qui voulut lui-même la déposer dans son cercueil, aidé d'une sœur de l'Espérance et d'une de mes filles qui voulut absolument lui rendre ce dernier service. Le prêtre déposa entre ses mains une couronne de roses blanches qu'il avait lui-même fait disposer comme symbole de l'innocence, et elle reçut les honneurs d'une

telle sépulture qu'on assure ' n'avoir jamais
vu un semblable cortége.

Il y eut entre les jeunes élèves ses amies
et les jeunes filles des pieuses écoles de la
ville un même désir, celui d'être aussi près
que possible de son cercueil ; toutes désiraient
l'entourer. Il fallut bien décider entre elles :
douze jeunes élèves de la communauté, ses
amies, vêtues de blanc et parées de cou-
ronnes de roses blanches eurent ce privilége.
Un grand nombre d'enfants qui me sont in-
connues s'ornèrent aussi du blanc vêtement.
Les personnes de la ville, qui n'avaient pas
entendu parler de cette chère enfant, s'éton-
naient sur le passage du cortége en s'infor-
mant pourquoi cette foule pour une enfant.

Il me reste une reconnaissance profonde
pour tous ceux qui, en cette circonstance,
ont témoigné à ma bien-aimée fille et à sa
famille une sympathie si réelle.

Je demeure aussi bien intimement touchée
et jusqu'au fond de l'âme, des soins qui sont
continués à sa chère petite tombe par des
mains toujours dévouées, toujours attentives;
et je prie cette amie de recevoir ici le tribut
de ma vive et complète gratitude.

Éloignée forcément de cette demeure
funéraire qui m'est si chère, qu'il me serait si
doux de visiter souvent et d'embellir, je la
vois recevoir par ses mains des soins vraiment maternels.

C'est bien là le plus délicat et le plus précieux témoignage d'une affection dévouée.

Voilà tout ce qui me reste de cette enfant
prédestinée, qui semblait si bien faite
pour embellir l'existence de ceux qui l'en-
touraient.

Après sa mort, des grâces prodigieuses
nous ont prouvé d'une manière *évidente*
qu'elle s'occupait de sa famille et qu'elle ac-
complissait la promesse faite à une de ses
sœurs trois jours avant sa mort. Elle n'était
plus visible pour nous, c'est vrai ; mais son
action se faisait sentir.

Combien de fois ai-je désiré la revoir, ne
fut-ce qu'une minute, et que de fois aussi
j'ai osé exprimer ce vœu au ciel !... Dieu ne
l'a pas permis. Je ne l'ai vue que dans les
illusions fugitives du sommeil. Néanmoins,
j'ai été bien consolée par le songe que je fis
deux mois après l'avoir perdue. Dans ce moment, il me semblait que Dieu me l'avait
enfin enfin accordée pour quelques minutes.
Je demandais à cette bien chère enfant si elle
avait été en purgatoire ? « Non, maman, me
» répondit-elle ; j'en avais pour un jour,
» mais la sainte Vierge a trouvé que j'avais

» assez souffert. » Je lui demandai encore si Notre-Seigneur ressemblait réellement à une gravure le représentant et que je pris dans mon paroissien. Elle l'examina un instant et me répondit : « Oh ! vois-tu, maman, » rien sur la terre ne peut donner une idée » de sa beauté. » Je m'éveillai soudainement, l'âme reposée dans la consolation de ce doux songe.

APPENDICE.

LETTRES EN MÉMOIRE DE CAROLINE.

I

**Lettre de l'excellent Parrain de ma petite
Caroline.**

« Elle est précieuse devant le Seigneur,
la mort de ses saints.

» Elle est précieuse aussi devant de pieux
parents, la mort de leur bien-aimée enfant !
C'est bien là le plus grand bonheur et le plus
grand honneur que Dieu puisse leur accor-

der dans leurs enfants. Je chanterai donc
avec vous le cantique d'allégresse et d'actions
de grâce. Ce matin j'ai dit la sainte messe
pour notre cher ange ; mais je sentais bien
que je l'invoquais plus encore que je
priais pour elle. Je remerciais le bon Dieu
de toutes les grâces dont il l'a comblée,
et je priais aussi pour ses chers parents dé-
solés sans doute, selon la nature, mais bien-
heureux selon la grâce... Oh! je partage bien
ces deux nobles sentiments. Je devais parta-
ger avec vous le bonheur d'une communion
saintement faite ; je m'associe de tout mon
cœur à la gloire du triomphe de notre bien-
aimée... Et si vous êtes heureux d'être père
et mère, je suis bien heureux aussi d'être
parrain, ou père selon la grâce, de celle dont
le triomphe sur la nature se célèbre aux
cieux pour toujours. »

II

Fragment d'une lettre de la bonne Supérieure,
la mère A., qui avait tant de fois
visité Caroline.

« J'ai reçu et lu avec attendrissement
votre notice sur les derniers jours de notre
chère petite Caroline, de si douce et touchante mémoire. Merci de la communication
que vous m'avez faite de ce pieux écrit. J'y
ai retrouvé avec édification toutes les paroles,
tous les traits qui révélaient l'âme prédestinée de ce cher petit ange, et qui m'ont si
souvent émue près de son lit de douleurs. Je
garderai ce souvenir qui me sera double-
ment précieux puisqu'il m'est en même
temps une douce consolation à la peine que
m'a causée la perte de cette enfant, premier
et *seul* sacrifice de ce genre que Dieu ait
exigé de moi pendant les cinq années de ma
supériorité. »

III

Fragment d'une lettre d'un Religieux.

« .....Je n'ai rien à vous donner et beaucoup à vous demander. Oui, veuillez me faire parvenir les détails édifiants des derniers jours et des derniers instants de votre aimable enfant, dont toute une ville a été édifiée... Un cruel gouverneur avait condamné une femme forte, sainte Perpétue, à mourir la dernière, afin qu'elle eût la douleur de voir ses enfants torturés, martyrisés sous ses yeux et que par ce moyen elle endurât sept supplices au lieu d'un ; mais, en dépit de l'intention infernale de ce gouverneur, la foi de cette bienheureuse chrétienne l'inonda de joie au lieu de la faire souffrir. Ce qui la réjouissait, c'était de voir ses enfants, les uns après les autres, prendre le chemin du ciel. N'est-ce pas ce que vous avez eu le le bonheur de voir, en entendant les paroles de votre enfant pleines de l'esprit de Dieu? N'est-ce pas pour vous un signe que votre Caroline est allée avec ses ailes de colombe fraterniser avec les anges? Aussi les larmes que vous versez ne doivent pas être des larmes de tristesse, mais plutôt des larmes de consolation, d'allégresse. Si dans les visites que vous lui rendez au cimetière vous veniez à oublier les motifs de cette consolation, comme les parents de sainte Agnès qui, inconsolables de sa mort, ne pouvaient s'éloigner de son tombeau, rappelez-vous alors les belles paroles de cette jeune sainte, lorsqu'elle leur apparut environnée d'un chœur de vierges : « Mes chers parents, leur dit» elle, ne me pleurez pas comme morte, » car je vis avec ces vierges auprès de » Celui que j'ai aimé de tout mon cœur. »

8

IV

Autre fragment d'une lettre du même Religieux
après la réception de la notice.

« ..... Cette lecture m'a fait répéter ce
que j'avais dit en lisant le manuscrit moins
complet. Avoir au ciel une pareille prédestinée, c'est une consolation capable de vous
faire porter comme une paille les croix les
plus lourdes que la divine Providence puisse
vous destiner. Vous avez bien fait de vous
occuper de cette rédaction, afin de ne pas
laisser s'évaporer ou tomber dans l'oubli
des parfums de vertu qui ont paru si propres
à réjouir les cœurs chrétiens. Et puis, ce
travail a contribué à graver dans votre esprit
et dans votre cœur plus profondément cette
vie et cette mort édifiantes de votre enfant
chérie, en sorte que cette pensée ne pourra

plus désormais vous quitter ; elle vous sera toujours présente pour sanctifier votre vie et consoler votre mort (1). »

(1) Ce qui précède vient de ce bon religieux dont le nom fut cité par ma chère enfant à l'occasion de ce livre affreux dont le titre seul l'avait tant émue.

V

« Que vous êtes une heureuse mère au milieu de votre douleur! et si la couronne des martyrs a été offerte à votre bien-aimé petit ange avec celle de l'innocence parfaite, Dieu vous a donné ce qu'il faut pour comprendre ses vues adorables et s'y identifier. Cette bonne petite m'avait singulièrement frappé à mon voyage à Rochefort. La délicieuse, l'angélique et si simple enfant m'avait ému au dernier point. Elle avait un sens ineffable, me semble-t-il, des épreuves de la vie, des richesses de la grâce et de ce que l'on peut espérer d'union avec Dieu. Le ciel vous doit cette richesse vivante que ses dons avaient préparée, que vos mains ont conservée et grandie à la gloire de Dieu. Quel souvenir!

Ah ! de grâce, donnez-moi une copie de tout
ce que vous avez recueilli sur cette enfant
que j'avais si bien devinée, pour laquelle j'ai
tant prié depuis la première bénédiction que
je lui ai donnée dans votre petite maison de
Dinan. »

8*

VI

« Inutile, sans doute, Madame, de vous dire que je comprends la douleur qui afflige votre cœur maternel et que j'y compatis bien vivement. Mais, d'un autre côté, je ne puis m'empêcher de vous estimer bien heureuse. Quel bonheur, en effet, que celui d'être mère d'une sainte ! Or, après avoir lu votre notice, il m'est impossible de douter que votre petite Caroline n'ait justement mérité ce titre, par la vie tout angélique qu'elle a menée jusqu'à son dernier soupir. Aussi ne puis-je concevoir la moindre inquiétude sur son sort éternel. Je suis même fortement porté à croire qu'en quittant la terre elle est allée tout droit au ciel, où elle jouit d'un haut degré de gloire, bien qu'elle n'ait fait, pour ainsi dire, que paraître ici-bas. »

VII

Fragment d'une lettre d'un Ecclésiastique.

« .....Selon le monde, vous avez fait une perte bien douloureuse et je conçois toutes les tortures qu'à dû éprouver votre cœur de de mère ; mais pour ceux qui portent leurs vues plus haut, que votre sort est digne d'envie ! Vous avez donné un ange au ciel et un des plus beaux que Dieu ait formés sur la terre ! Ah ! ne vous contristez plus de la faveur si grande qu'il vous a faite. Bénissez-le plutôt d'avoir soustrait au souffle empesté du monde une fleur qu'il s'était plu à em-bellir des plus riches couleurs, comme pour vous donner l'occasion de lui offrir un plus gracieux présent. »

VIII

Fragment de la lettre d'une Amie.

« M. l'abbé m'a dit que l'âme de votre fille était une âme hors ligne et qu'il l'avait trouvée transformée et remarquable... »

IX

D'un autre Amie.

« Je prie souvent votre petit ange, je vois toujours cette figure angélique et il me semble qu'elle protège de là-haut tous ceux qu'elle a connus ici-bas... »

X

D'un Ami.

« ..... Ce cher ange prie pour vous et les vôtres, exempte de tous les soucis de cette vie et de toutes ses souffrances sous l'aile de Dieu. Elle est allée le prier et lui demander vos places. Je l'aimais d'une grande affection, et dans mes prières je lui dirai de s'en souvenir et de prier pour moi. »

XI

D'une Amie.

« ..... Je pleure maintenant le départ de notre petit ange que Dieu vient de reprendre. C'est bien Dieu seul qui peut adoucir une douleur immense comme la vôtre. C'est bien lui qui vous consolera en vous faisant pressentir le bonheur de votre Caroline si aimée... Sa tendresse si vive pour vous, vous en sentirez encore les élans dans le cœur de Dieu, et si ces douces caresses et cette présence aimée ont cessé pour ce monde, en regardant le ciel vous verrez votre cher ange en prières pour la mère qu'elle a laissée. »

INVOCATION.

Très sainte vierge Marie, ma bonne et douce mère, permettez-moi de vous offrir ce petit recueil comme je vous avais offert l'enfant bien-aimée, fleur sitôt tranchée dont je raconte la courte existence. Elle est, je l'espère, à former votre cortége et rayonnante de bonheur dans le sein de Dieu..... Mais elle me manque toujours, et mes larmes ne tariront pas, et une partie de mon être semble ensevelie dans la tombe avec l'argile de cette chère fille qui a passé du matin au soir comme la fleur des champs, tant le vide s'est fait dans mon cœur ! Grâce à votre secours, cependant, je veux toujours répéter ces paroles : Mon Dieu que votre volonté soit faite ! Puis, ces autres : Au revoir !... cet adieu de ma fille, que nous répétons souvent. Bénissez, ô Marie, ce petit recueil, et aidez-nous à supporter l'exil. Faites, je vous en conjure, par votre puissante protection, que nous nous retrouvions tous un jour dans le séjour de l'éternel bonheur, d'où la séparation et les pleurs sont à jamais bannis.

Saint Joseph, protecteur bien-aimé des familles, qui avez si doucement soutenu de votre main protectrice ma chère enfant dans sa dernière défaillance, daignez accepter l'hommage de mon cœur plein d'une confiance sans bornes en votre puissance près de Jésus et de Marie. O saint patron de la bonne mort et notre bon père, soyez près de nous à l'heure suprême, pour assister notre âme, et que son dernier élan soit un soupir d'amour vers sa patrie!

Ainsi-soit-il!

TABLE.

Valence, imprimerie Jules Céas et fils.

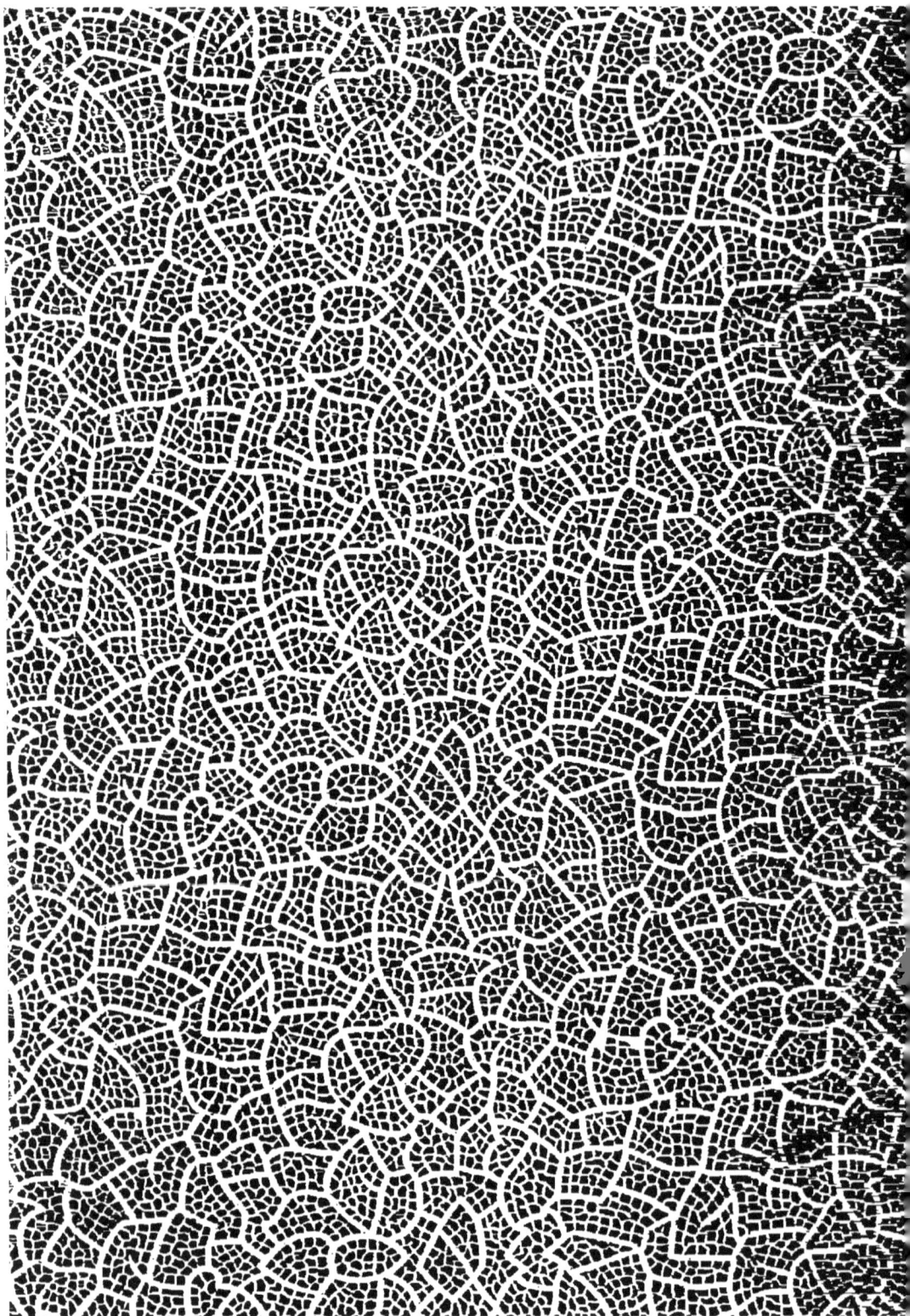

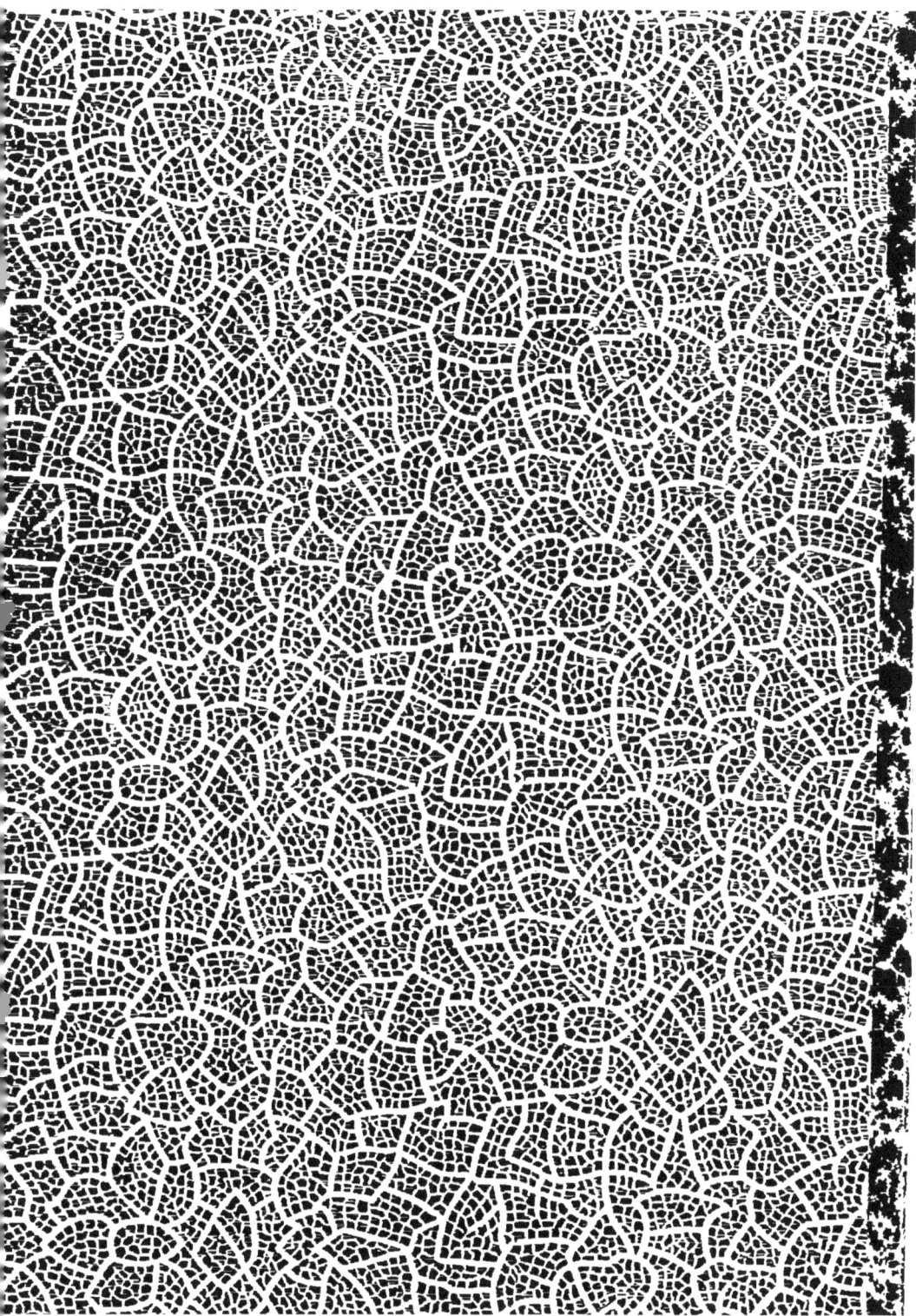

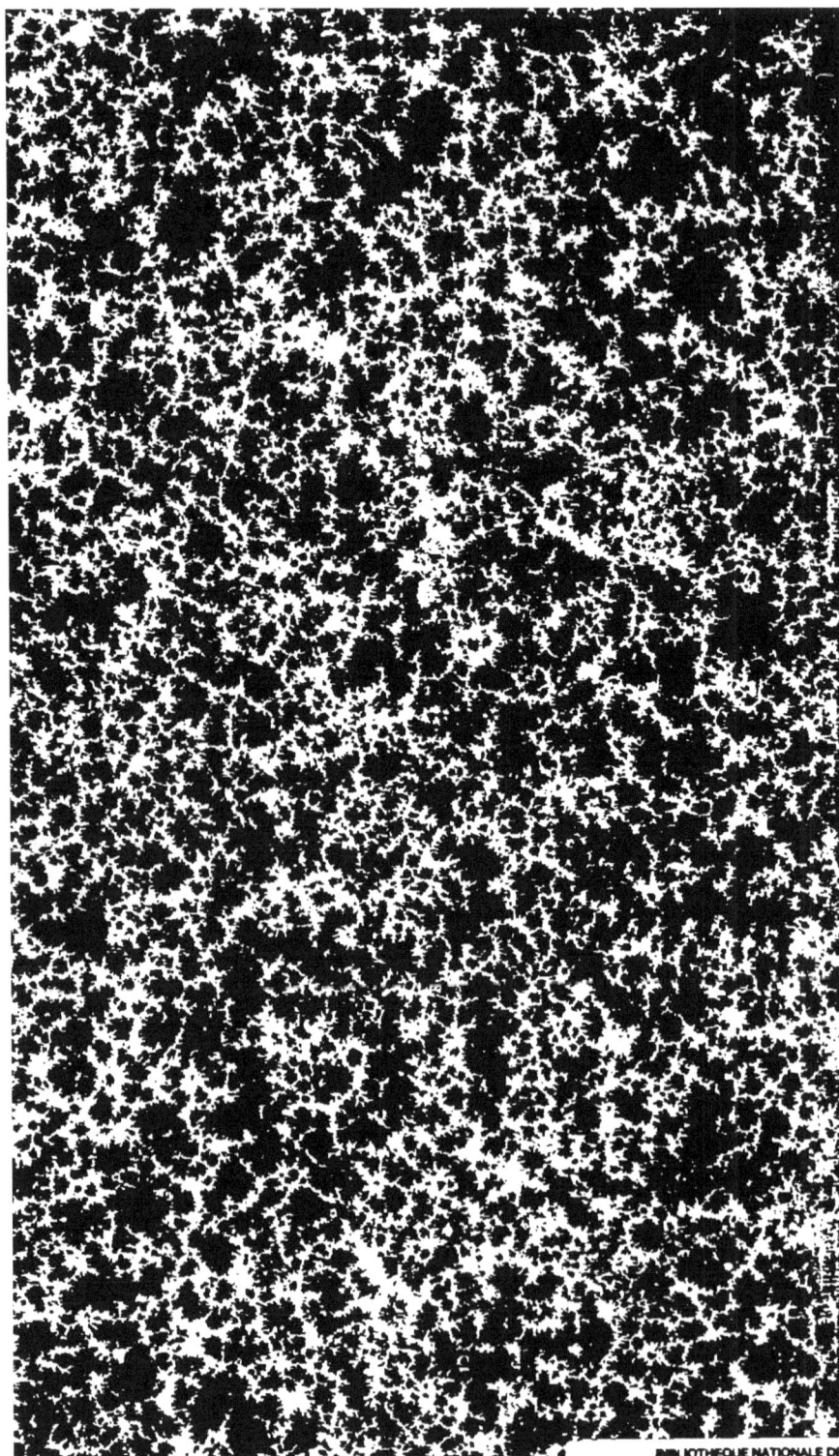

www.ingramcontent.com/pod-product-compliance
Lightning Source LLC
Chambersburg PA
CBHW072101080426
42733CB00010B/2182